TERCEIRO LIVRO DE CRÓNICAS

ANTÓNIO LOBO ANTUNES

Obra Completa
Edição *ne varietur* *

TERCEIRO LIVRO DE CRÓNICAS

Crónicas
1.ª edição

Estabelecimento do texto por Graça Abreu
* Edição *ne varietur* de acordo com a vontade do autor
Coordenação de Maria Alzira Seixo

DOM QUIXOTE

Publicações Dom Quixote
Edifício Arcis
Rua Ivone Silva, n.º 6 – 2.º
1050-124 Lisboa · Portugal

Reservados todos os direitos
de acordo com a legislação em vigor

© 2005, António Lobo Antunes e Publicações Dom Quixote

Design e capa: Atelier Henrique Cayatte

1.ª edição: Janeiro de 2006
Depósito legal n.º 236 424/05
Paginação: Fotocompográfica, Lda.
Impressão e acabamento: Guide – Artes Gráficas

ISBN: 972-20-2900-2

Terceiro Livro de Crónicas
Crónicas
1.ª edição

Estabelecimento do texto por
Graça Abreu

Comissão para a edição *ne varietur*
Agripina Carriço Vieira
Eunice Cabral
Graça Abreu

Coordenação
Maria Alzira Seixo

Ao meu tio João Maria Machado d'Almeida Lima,
que sabe quanto lhe quero.

ÍNDICE

ELES, NO JARDIM

Dessa fotografia não sobrou muita coisa, o cenário desvaneceu-se quase todo, as pessoas principiam a desaparecer. O cenário: um canto de jardim com um muro de pedra, o que se me afigura arbustos ou árvores, o que me dá ideia de serem flores, mais próximas, à esquerda, dantes preto e branco, castanho e cinzento agora. As pessoas: a minha avó com cinco ou seis anos, ao colo do pai, a mãe dela de pé, debruçada para ambos. A minha avó parece loira, de olhos aguados, com um vestidinho branco, sentada ao colo do pai que por sua vez se senta, de colarinho duro e bigodes, no tal muro de pedra. Percebe-se que o cabelo lhe começa a faltar, percebem-se algumas rugas, a ausência de cintura dos homens de meia idade. A mãe da minha avó com uma espécie de carrapito ou assim, uma sombra de sorriso contrafeito algures entre o que deve ser o queixo e o que deve ser o nariz. Resistem-lhe as pupilas, nítidas, semelhantes aos círculos de plástico com que os bonecos nos fitam. Nenhum deles espreita a máquina. A minha avó talvez, transparente na película, com qualquer coisa de aparição ou de figura de sonhos. Falta-lhe uma certa perversidade sábia e amável, comum às crianças bem educadas e às personagens de Henry James, conforme lhe falta metade da mão direita e um pedaço do braço. A gola do vestidinho branco deve ter sido de renda. Os dedos do pai poisam-lhe no ombro. Quando a conheci era a única sobrevivente do retrato e não lhe faltava mão nenhuma. Os pais continuavam em molduras separadas, graves, intransigentes, o meu bisavô numa expressão de espanto. Brincava com as condecorações dele, guardadas num armário. Ao serão jogava bilhar com a filha

(havia salas de bilhar nas casas dessa época)

enquanto o meu avô, fardado de cadete da Escola de Guerra, lhe passeava, esperançoso, debaixo da janela. A minha avó dizia que afastava o cortinado com o taco para que ele a visse. Nunca dei com o meu avô fardado: usava um casaco de linho e lia o jornal na varanda. Sempre que me lembro dele é a ler o jornal na varanda da Beira Alta, ou a assistir às trovoadas na serra. Morreu quando eu tinha doze anos. Um homem calado

(não me recordo da voz)

a assistir às trovoadas e a ler jornais. O que terei herdado dele, do seu sangue? Não me ligava nenhuma, eu não lhe ligava nenhuma e ficámos quites. Depois soube que ele morreu e desatei numa tremideira: foi a primeira pessoa que eu conhecia a morrer. Ainda hoje não sei o que significa morrer. Pensando melhor talvez ligássemos qualquer coisa

(não muito, claro, não muito)

um ao outro. Pelo menos prefiro julgar que era assim. Passados tantos anos a minha mãe continua apaixonada por ele. Eu continuo apaixonado pela minha avó: aos domingos almoçava em sua casa, pegava-me no pulso sobre a toalha. Ainda conheço os seus anéis de cor. Avozinha. Que estupidez avozinha, não havia nada de avozinha nela. Quando se aborrecia passeava na sala de um lado para o outro, alta, direita, séria. Tratava-nos por

– Meu filho

dava-me dinheiro de um cofre que, não sei porquê, se encontrava na mesa do oratório. As moedas vinham em rolos de papel. E de súbito, há pouco tempo, dei consigo, avó, na fotografia em que o cenário se desvaneceu quase todo. Nenhuma data atrás, nenhuma palavra, essa tinta roxa com que os defuntos escrevem, numa caligrafia inclinada e preciosa, de finos e grossos. Nada a não ser uma criança de cinco ou seis anos ao colo do pai, e a mãe dela de pé debruçada para ambos, de mangas compridas, saia comprida, qualquer coisa no penteado que o tempo devorou. Num dos ângulos de cima uma copa, um alpendre. Uma copa. Não, um alpendre. Ou nem copa nem alpendre, uma nódoa de iodo. O pai da minha avó perdeu os sapatos, os tornozelos, acho que um terço das calças. Três fantasmas remotos, feitos de esquecimento e silêncio. Sobretudo de silêncio, a diluírem-se devagar, indiferentes, numa nuvem confusa, recuando para além da memória, onde os não posso alcançar. O muro de pedra deve ter acabado também, a vivenda à qual o muro pertencia, a rua da vivenda igualmente. Mas a menina permanece, loira, de olhos aguados e vestidinho branco. E nenhum deles sorri, não se escutam bolas de bilhar no piso de cima, não existem cadetes debaixo da janela, um taco a afastar os reposteiros. É-me difícil imaginar o meu avô a namorá-la, a abandonar o jornal e as trovoadas para lhe fazer a corte. O sorriso contrafeito da senhora vai-se esfumando, daqui a meses, talvez, nem um contorno subsiste. E qualquer dia eu, por meu turno, deixo de ser também: quando acabar de haver quem se interesse por ela a fotografia terminou: a gola do vestidinho branco que deve ter sido de renda, os dedos que lhe poisam no ombro. Um homem qualquer trouxe uma máquina de tripé para o canto do jardim, sumiu a cabeça num pano preto, carregou num botão. É o único que não aparece no retrato, o único que não sei como era. Enquadra os clientes, pediu-lhes

– Façam isto, façam aquilo

se calhar corrigiu uma posição, certificou-se da luz, verificou do outro lado do aparelho uma imagem desfocada, invertida, surgiu do pano preto

– Atenção

e nem sequer assinou o trabalho. A seguir juntou as hastes do tripé, arrumou as lentes numa caixa, foi-se embora. Para além do cenário existe um retalho de céu vazio, inútil, distante, depois dos arbustos ou das flores ou das árvores. É capaz de ser o céu. Ou o mar. Mas pode bem tratar-se das lágrimas do fotógrafo.

TANGO DO EMIGRANTE

Quando chegará a altura de voltar para casa, de voltar para ti? Ainda haverá casa? Ainda haverás tu? A casa no fim da vila

(perto do fim da vila)

a seguir aos comboios? Ainda haverá o preto de barro, de chapéu de coco, a tocar saxofone em cima da cómoda, com a fotografia do teu pai de um lado e a fotografia da tua mãe do outro, os dois sérios, zangados, felizmente presos à moldura, olhando-me como se olha um estranho? O palhacinho feito de molas de roupa a embelezar a televisão? A colcha de folhos, a boneca ao centro do travesseiro, de braços abertos, a detestar-me? A torneira que não vedava bem? De dia não se dava por isso, era ao deitarmo-nos que aqueles pingos, monótonos, certos, imensos, atravessavam o escuro para se esmagarem no lava-loiças numa dignidade lenta: ainda haverá os pingos? O estrondo dos pingos? O vaso de begónias de tule? Não disse que me ia embora para sempre, disse

— Cinco ou seis meses na Alemanha e volto

e a tua cara igual à da boneca, de bochechas redondas, cada pestana nítida, separada das outras, os dentinhos a aparecerem

(dois dentinhos)

e, pergunto eu agora, tu, tal como ela, a detestares-me também? Cinco ou seis meses na Alemanha a trabalhar numa fábrica e depois podíamos aumentar a casa, comprar mobília nova, prolongar a marquise, substituir o armário dos teus pais, tão pesado, tão velho, por um louceiro de bambu e vidro fumado de que se fechavam as portinhas e os teus pais lá dentro, empurrados para o fundo, quase invisíveis, sem me olharem por fim, quer dizer impedidos de me olharem porque graças a Deus um serviço de copos entre nós, vermelhos, de pé doirado, protectores, simpáticos. Em cinco ou seis meses

(ou nove, ou onze)

tu mais forte, mais bonita, um penteado diferente, uma pinturazinha na boca, uns brincos de que eu goste, um automóvel novo em lugar deste caco, um anelzinho

(tu mereces)

com uma pedra que não seja a fingir. Não escrevo muito para poupar nos selos e as palavras

(tão esquisitas)

sem dizerem o que queria dizer-te, o que mereces ouvir. Em outubro telefonei-te e pareceste-me estranha, indiferente, uma frase aqui, outra ali como se alguém contigo, um

— Agora não me dá jeito falar

e o som da chamada interrompido o que

(não me leves a mal)

se me afigurou estranho, contei à Ulli

(uma amiga alemã, temos de nos dar com alguém não é verdade?)

e ela a achar estranho igualmente, a aconselhar-me

— Deixa lá

(mais ou menos isso em alemão)

enquanto se afastava para eu caber ao seu lado no sofá de palhinha

(a Ulli é um bocado forte)

e ver com ela um programa sobre irmãos siameses pegados pela barriga o que lhes dificultava o andar; experimentei com a Ulli e realmente dificulta, caminha-se de banda, esbarra-se nas coisas, a Ulli abraçou-me para nos sincronizarmos melhor, ao deixarmos de nos sincronizar a Ulli trouxe do frigorífico umas cervejas de lata, experimentámos outra vez, mais habituados, menos tensos, não precisámos do cirurgião que separou os irmãos siameses para nos afastarmos um do outro, a Ulli garantiu fosse o que fosse sobre os latinos que me caiu bem, o duplo queixo dela estremecia um bocado, mora por cima de um veterinário e visito-a aos sábados a abrir caminho entre cachorros com sarna

(a Ulli jura que não há sarna na Alemanha)

e até à terceira cerveja pergunto-me quando chegará a altura de voltar para casa, de voltar para ti, pergunto-me se ainda haverá casa, ainda haverás tu, deves haver tu, há tu de certeza mesmo que agora não te dê jeito falar, o preto do saxofone na cómoda à espera, os teus pais cada qual no seu canto, a torneira calada porque não sei quem a arranjou, a Ulli para mim

— Esquece a torneira Nelson

e com a ajuda dela e da oitava cerveja esqueci a torneira, que se dane a torneira, já lá vão dois anos

(vinte e nove meses)

desde que cheguei e o contrato no fim, regresso quarta-feira, há um voo directo de Munique a Lisboa, a seguir o comboio e Seia num instante, o palhacinho feito de molas de roupa a cumprimentar-me

— Olá

tu com o crochet na sala e não mudaste nada, nem mais forte nem mais bonita, o penteado de sempre, a única diferença é que não usas aliança, me prevines

— Tens um caixote com as tuas coisas no alpendre

um caixote que lá deve estar há séculos e as minhas coisas estragadas, um cheirozito a bafio que não engana ninguém, se eu voltar para a Alemanha

(responde com franqueza)

pensas que a Ulli me aceita nem que seja uma vez por semana, com sorte um novo programa sobre irmãos siameses, com sorte umas cervejas de lata que se partem as unhas a abrir, os cães no consultório um rebuliço de caudas, não cães como os nossos, uns monstros enormes e eu no sofá de palhinha com saudades dos pingos, de uma colcha de folhos, da boneca de braços abertos que ao princípio chorava e agora impassível, hei-de comprar uma boneca aqui

(sempre é uma companhia)

e de vez em quanto telefono-te porque nunca se sabe e talvez chegue um dia

(ele há horas felizes)

em que estejas sozinha com as begónias de tule, a tua cara igual à da boneca, de bochechas redondas, cada pestana nítida, separada das outras, os dentinhos a aparecerem

(dois dentinhos)

e te dê jeito falar.

UMA LARANJA NA MÃO

Assim. Quer dizer, uma das mãos aqui, a outra mais abaixo. As duas mãos aqui. As duas mãos mais abaixo. A mão que estava mais abaixo aqui, a mão que estava aqui mais abaixo. Depois pegas-me na cara, depois fechas os olhos, depois beijas-me. Depois afastas-te de mim. Depois sorris. Depois esperas que eu sorria. Depois, como não sorrio, deixas de sorrir. Depois uma espécie de alarme na tua cara. Depois alarme mesmo. Depois

– Passa-se alguma coisa contigo?

e depois as mãos que me largam, hesitam no maço de cigarros, desistem do maço de cigarros, voltam a pegar-me. Quer dizer, não uma das mãos aqui e a outra mais abaixo, as duas na minha cintura

– Luísa

a voz a ganhar força

– Perguntei o que se passa contigo não ouviste?

uma pontinha de sorriso na esperança que o meu, a pontinha de sorriso a verificar que o meu não e a desvanecer-se, não alarme, zanga e medo

– Luísa

zanga apenas, um dos dedos que principia a magoar-me

– Luísa

com força entre as costelas e a cintura, nunca tinha reparado antes nesse ponto preto na asa do nariz, o ponto intriga-me, aproximo-me para o estudar melhor

– Como é que deixei escapar este ponto?

tu, sem entenderes

– Como?

de boca quase junto à minha, a respirares-me para cima

– Estás a brincar comigo Luísa?

o dedo que deixa de magoar-me, pede ao polegar que o ajude a segurar-me o queixo

– Há alturas em que me assustas, sabias?

a tua boca na minha e os meus dentes a cerrarem-se logo, os lábios a diminuírem, o peito a encolher-se, os meus olhos abertos contra os teus olhos fechados, os meus olhos abertos contra os teus olhos abertos, tão esquisita a tua boca em funil, tão cómica, o funil a sumir-se

– Estás a rir-te de mim?

o ponto preto de novo e agora apenas o ponto preto, não tu

– Estás a rir-te de mim?

ofendido, furioso, o ponto preto a dar lugar à cara e a cara sobrancelhas apenas

– Estás a rir-te de mim?

vontade de pedir-te que alises as sobrancelhas em que pêlos fora do sítio, um para cima, dois para o lado, o maior dos dois para o lado grisalho, uma espécie de caracol grisalho, o caracol

– Oxalá não te arrependas Luísa

quase um murmúrio e à beira de um grito, o grito a tomar o lugar do murmúrio

não bem grito, um aviso rouco

– Vais arrepender-te Luísa

a porta do corredor a fechar-se com força, ruídos distantes

(passos, uma gaveta ou assim)

a porta do quarto e silêncio, eu em paz, uma árvore na janela onde a noite começa, nuvens já não brancas, cor-de-rosa, cor de tijolo, vermelhas, a copa da árvore para a direita e para a esquerda, sem pressa, a parte do céu rente aos telhados lilás, daqui a nada a lua para as bandas da ponte, se eu fosse pequena e a minha mãe aqui estivesse

– A lua, Luísa

se o meu pai aqui estivesse escondia-se no jornal aberto, ele jornal e pernas que se cruzavam, descruzavam, um pedaço de pele entre a meia e a calça, a voz atrás do jornal

– O que é que interessa a lua?

e o barulho das páginas, o que é que interessa a lua de facto, quem quer saber da lua, a minha mãe, picada

– O que é que interessa a lua diz este

a despentear-me numa festa para me tornar sua cúmplice e as unhas dela a proporem

– Nós duas contra o teu pai Luísa, nós duas contra o teu pai

nós duas contra o mau humor, nós duas contra o jornal, nós duas contra si pai, desculpe, a mãe pediu-me não vê, a voz atrás do jornal

– Diz este vírgula, mais respeito Isabel

a minha mãe Isabel, o meu pai João, eu Luísa, a empregada Adelaide, toda a gente tem um nome meu Deus, o vizinho velhote senhor Castanho, toda a gente tem um nome, a minha avó que morreu o ano passado avó Antónia, toda a gente tem um nome, estendo-me no sofá, puxo uma das almofadas para deitar melhor a nuca, lembro-me do ponto preto

– Como é que deixei escapar este ponto?

vem o ponto preto e depois vem a gordura, com a gordura eu

– Se te fizer doer avisa-me

e ao espremer o ponto preto é a ti que eu espremo, tu inteiro no meu indicador, eu para ti, a mostrar-te

– Enorme este, não é?

quase do tamanho da lua, quase do tamanho da árvore

– O que é que interessa a lua?

quase do tamanho das nuvens cor-de-rosa, cor de tijolo, verme-lhas, que o escuro vai engolindo, e não existe a sala, não existe a casa, não existem os nomes, não existe a Luísa, existe eu estendida no sofá, eu calada, eu pequena no quintal, de tranças, com uma laranja na mão.

CHEGA UMA ALTURA

E chega uma altura em que se começa a conviver com a morte como se fosse uma amizade antiga: alguém que está para aí, numa cadeira qualquer, sem incomodar a gente, amável, quase simpática, a olhar-nos por cima dos óculos com uma revista nos joelhos. Chega uma altura em que a morte é uma pessoa de família, uma parente não muito próxima que se convida quando há um lugar a mais na mesa: vemo-la, na ponta da toalha, modesta, apagada, a comer connosco, a sorrir quando nos rimos, a concordar de leve, a ir-se embora antes dos outros

– Não se incomodem, não se incomodem

e ao chegarmos ao elevador não a encontramos já, tentamos lembrar-nos do seu nome e esquecemo-lo

– Trago-o na ponta da língua

procuramos no álbum e é aquela pessoa na última fila dos retratos de grupo, meio apagada pelo tempo ou com demasiada sombra na cara, percebe-se um bocadinho de blusa, o penteado composto, quase nada. Chega uma altura em que a morte principia a conviver com a gente, se torna diária, íntima, existe no espelho da barba, nos nossos gestos, no modo de meter a chave à porta, entrar em casa, acender a luz, o sofá e os móveis de repente ali e a morte ao nosso lado, caladinha, usando o nosso corpo, a nossa tosse, a nossa voz, a pesar-nos por dentro

– Qualquer coisa que comi ao almoço e me ficou aqui

chega uma altura em que a morte é a água num ralo, um estalo de cómoda, um adeus atrás dos vidros, lá em cima, na janela, uma espécie de novembro a entristecer as tardes, o sorriso com que se responde às perguntas, os estranhos, na pastelaria, tão distantes, uma rapariga que nos atravessa com o olhar, a velhice que chegou de repente

(– Afinal sou velho que esquisito)

o açúcar do sangue, os males do fígado, o colesterol, a bilirrubina, a alma, sabe-se lá porquê, amolgada não sei onde, a latejar ao descobrirmos um casaco que não nos serve no armário, casaco que ainda ontem

(ou seja, há vinte anos)

usávamos, chega uma altura em que a campainha da rua

(– Quem será?)

e ninguém no intercomunicador, ninguém no quadradinho onde surge, a preto e branco, a imagem miniatural de quem toca, pensamos

– Quem será?

e vai nisto entendemos, procuramos um cantinho da poltrona

(não a poltrona inteira, um cantinho)

no receio de que, apesar de ninguém, tábuas curvando-se a um peso, a franja do tapete desarrumada, dá ideia que palavras e palavra alguma, chega uma altura em que a morte nem

– olá

sequer dado que se não diz

– olá

a nós mesmos, em vez de

– olá

anoitece, nós diante do espelho da barba e no espelho não mais que os azulejos em frente, a prateleira com uns frascos de que não nos vamos servir e que talvez o marido da mulher-a-dias queira, ajudando--nos a poupar no saco de plástico do lixo, chega uma altura em que a morte é isto sob as pálpebras, estas rugas, este pescoço, pequeninas lembranças de repente importantíssimas, memórias que dariam vontade de fazer troça a quem está de fora e para nós tão doces, chega uma altura em que não se grita, não se protesta, fica-se mudo, submisso, à espera, suspensos dentro da gente como cegonhas de pata levantada, chega uma altura em que nem uma pergunta fazemos, nenhuma voz responderia se a fizéssemos, chega uma altura em que me chamo António Lobo Antunes e chamar-me António Lobo Antunes não tem sentido, quem é esse, quem foi esse, escrevia não era, o que escrevia ele, cresceu numa casa com uma acácia, desapareceu um dia, não voltou, deve andar em qualquer sítio, não interessa, chega uma altura em que não chega nada, o corpo dele apenas, o que foi o corpo dele, num corredor de hospital, a caminho da sala de operações ou assim, se calhar tão carregado de sofrimento que nem pelo sofrimento dá, não lhe peguem na mão, não conversem com ele, deixem-no, pensará em quê, desejará o quê, chega uma altura, minhas senhoras e meus senhores, em que a morte não é uma pessoa de família, a tal parente não muito próxima que se convida quando há um lugar a mais na mesa, chega uma altura em que somos nós a tal parente na ponta da toalha, nós que nos vamos embora antes dos outros

– Não se incomodem, não se incomodem

nós na última fila dos retratos de grupo, apagados pelo tempo, com demasiada sombra na cara, chega uma altura em que não somos a cara, somos a sombra na cara, chega uma altura em que se acabou a cara, se acabou a sombra, chega uma altura em que a casa vazia, um livro deixado a meio, a caneta sobre a mesa, inútil, chega uma altura em que o telefone a insistir, desesperado, em que os olhos secos, chega uma altura em que não há altura, em que o balão de soro cessa de pingar, em que o espanto não se transformou ainda em desgosto, em que uma coisa me substitui, uma coisa com roupa minha que se aparafusa numa caixa, chega uma altura em que este sol sem mim depois de empurrarem o cão atropelado para a berma da estrada.

O SILÊNCIO DA CASA

Agora o que me faz impressão é o silêncio da casa. Não mudou nada desde que a conheço: nem as árvores. Quer dizer a minha mãe mandou tapar o poço e havia outra figueira, acho eu, mais próximo da janela do meu quarto, além da capoeira, das galinhas e do peru, pegada ao muro. Portanto, tirando essas três coisas, o resto é o mesmo, só que o jardim por tratar. Os mesmos os degraus de pedra. Os móveis. Desapareceram camas, claro, porque desapareceram os filhos. E já não há o sapateiro ao lado, o senhor Florindo das bebedeiras sublimes. Por conseguinte o que mudou na casa foi a cor do silêncio. Mas a acácia

(tão alta)

continua a falar a linguagem de sempre.

A seguir ao jantar gosto de fazer chichi, cá fora, contra a cascata de pedra, com a plena consciência de estar a marcar um território: isto é meu. Continua a ser meu. E, através dos ramos da acácia, o céu de basalto polido. A casa

(é engraçado)

umas vezes parece-me grande e outras vezes pequena. Vista de fora sim, grande, por dentro dá-me ideia que houve partes que encolheram. O meu quarto, por exemplo. A outrora sala de visitas que quase nunca se abria. Mas o quarto dos meus pais, não sei porquê, aumentou. A lembrança que guardo desta casa é uma lembrança feliz. E continuo a sentir-me bem lá dentro, a sentir que é ali que pertenço. Olho as minhas filhas e as filhas e os filhos dos meus irmãos com desconfiança

– O que fazem aqui?

– Quem são estes?

dado que, mesmo os mais novos, são mais velhos do que eu sou. Uns desconhecidos, uns intrusos. A casa acaba na gente, e uma parte da gente continua a jogar à bola no jardim, portanto

– Quem são estes?

– O que fazem aqui?

estes seres estranhos nos quais as nossas feições e os nossos modos se prolongam e que, não só nós, são peças do puzzle de nós, incompleto, misturadas com peças de outros jogos, e cujo à-vontade me surpreende, como se a casa lhes pertencesse também. Não digo nada porém não pertence nem meia. E não consinto que joguem à bola connosco, conforme não consinto chichis na cascata: o território já está marcado por mim, vai daí pirem-se. Aliás espanta-me a mesa com tantos pratos e copos: Convidaram alguém hoje? Quem é que come cá em casa? Se as peças do puzzle forem suficientemente desenvergonhadas para se sentarem nas cadeiras, agarro nos meus irmãos e vamos jantar para a cozinha. Palavra de honra. Onde, de orelha atenta aos passos do meu pai, podíamos fumar, perto da janela, a fim de atirar a beata para o beco, e fazer um arzinho inocente ao menor perigo.

Disse há bocado que me faz impressão o silêncio da casa: pensando melhor não houve alterações no silêncio, e os cachos da buganvília continuam a florir sobre o muro. O que falta são os gritos das mães a chamarem, os ceguinhos dos fados, a gaita do amolador, e não podemos culpar a casa por isso, nem por o leiteiro não vir de carroça. Ou se calhar vem a horas que não estou. Cada ceguinho tinha um dono que o trazia pelo braço, vendia as letras e arrecadava o dinheiro, muito sério, enquanto o ceguinho, de queixo ao alto, sorria para ninguém atrás dos óculos escuros. Afigurava-se-me conhecerem mistérios a que eu não tinha acesso, da mesma forma que conheciam, em quadras, crimes hediondos, mulheres que davam monstros à luz

(o monstro, de antenas, no papel das letras, o pai e a mãe do monstro, normalíssimos, por cima, a triste história do monstro narrada aos gritos, com um acordeão a sublinhá-la a encarnado)

mulheres que davam monstros à luz e a Rússia Comunista a desfazer na Virgem. Se os meus sobrinhos fizessem o favor de se calar a gente escutava em paz esses pavores, percebia a gaita do amolador ainda no Poço do Chão, com guarda-chuvas quebrados suspensos do instrumento. E, com vento favorável e sorte, dava-se pelo cisne a soluçar na mata.

Logo, e de uma vez por todas, o silêncio é igual. A casa é igual. Os retratos são iguais. A vida é igual. Logo, e de uma vez por todas, a casa pertence-me e eu pertenço-lhe a ela. Reconheço os cheiros, os efeitos do sol, cada tábua do soalho, os degraus das escadas. E ao dizer que reconheço os cheiros sei o que afirmo: o da cera, o do líquido de arear as maçanetas, o da acácia, o da outra árvore, mais avantajada, mais secreta, sem nome. Aposto que o cão da fábrica de curtumes ladra daqui a pouco. Que a buganvília se começa a agitar. Que o senhor Manuel, a meio da noite, vai gemer com as dores. Janelas que se apagam. Nem uma voz agora. Só a bengala encarnada e branca do ceguinho

(toc toc)

na rua. A bengala enorme, a caixa de esmolas com um cadeado. O acordeão, que se trazia às costas, puxado para o peito. Os dedos a experimentarem as teclas, de leve, procurando o tom. O nariz atirado para o alto. Mais teclas. O dono do ceguinho a impacientar-se

– Então?

então uma boca, a que faltavam dentes, subitamente enorme, e a mulher que deu à luz um monstro a comover-me com a sua má sina.

Continuo a perguntar-me por que bulas, em lugar de romances, não nasci eu com a fortuna de escrever poemas assim? Não, nada disso, qual ironia senhores, afirmo com uma sinceridade absoluta: por que bulas não nasci eu com a fortuna de escrever versos assim?

CRÓNICA DE AMOR

Agora começam a chegar as noites em que o dia se prolonga ainda numa espécie de luz que demora a dissolver-se nas árvores, nos telhados, dentro de mim até. Uma claridadezinha doce mesmo depois das janelas iluminadas, dos automóveis diminuírem na rua, do meu filho deitado. Os olhos da minha mulher diferentes. Os seus gestos mais soltos. E então digo

– Eunice

não para ela, para mim, e sinto-me feliz, sinto-me com sorte e feliz. Digo

– Eunice

ela, porque falei baixinho e não entendeu bem

– Como?

eu

– Estava a repetir o teu nome

isto no sofá da sala, contente da tal claridadezinha doce, do tal resto de dia nas árvores

(engraçado como o sol ainda apesar de não sol, como o ventinho das seis da tarde permanece no escuro) eu, a bater com a mão na almofada ao lado da minha, a sorrir-lhe

– Senta-te aqui Eunice

porque me sinto feliz, sinto-me com sorte e feliz, o braço da minha mulher no meu pescoço, pergunto-me se o miúdo já estará a dormir, os dedos da minha mulher na minha orelha ajudam-me a resolver que já está, volto-me um bocadinho para ela e o indicador e o polegar espremem-me o lóbulo

– Menino mau, menino mau

atrás do indicador e do polegar costuma vir uma língua e vem, a ponta da língua substitui o indicador e o polegar

– Menino mau, menino mau

umas partes minhas liquefazem-se, outras animam-se, acho que sou de facto um menino mau, um menino muito mau e as partes que se animam animam-se mais, enquanto a ponta da língua substitui o polegar e o indicador e o polegar e o indicador me beliscam o vértice do nariz

– Menino mauzão

o menino mauzão continua a voltar-se para ela, a mão que batia na almofada experimenta-lhe o joelho, alcança a bainha do vestido, alarga-se na coxa, a minha mulher

– Que mauzão

a abandonar a orelha, a apoiar a nuca no sofá, a amolecer também, de olhos fechados

– Faz-me maldades, mauzão

a mão descobre zonas misteriosas, terras de que a gilete depilou a margem, a minha mulher já não fala, assopra apenas e no assopro

– Meu Deus

nunca entendi o que Deus tem a ver com isto mas não me parece altura de discutir o assunto, se ela assopra

– Meu Deus

que mal tem desde que continue a roçar a palma, ao de leve, nas minhas calças, onde uma das partes que se animam se animou tanto que me custa contê-la, talvez afastar-me um nadinha para evitar consequências prematuras, talvez propor-lhe

– Espera

ou então pensar no dentista a anunciar-me, de turquês no ar

– Este queixal vai fora

o dentista deu um resultado tão fulminante que tudo a desanimar-se agora, a minha mulher sem

– Meu Deus

e sem assopros a endireitar-se no sofá

– O que foi, Beto?

e em lugar de

– O que foi, Beto?

um sorriso imenso, carnívoro, o indicador e o polegar que se me entretiveram na orelha, no nariz, neste momento não de carne, metálicos, aduncos

– Esse queixal vai fora

começo a recuar no sofá, de palmas estendidas

– Não

um

– Não

que é um rugido de dor antecipada, de aflição, de medo, seguro-lhe o pulso

– Não

surpreende-me que afinal não uma turquês, os dedos dela, toco-lhe nos dedos e os dedos dela de facto, que parvoíce a minha, a minha mulher a esfregar o pulso

– Magoaste-me, estúpido

de boca a tremer, puxando o vestido para baixo, empurrando-me, procurando uma revista naquilo a que ela chama a mesa de apoio, que é um qualificativo que, não sei porquê, me faz lembrar muletas, o dia dissolveu-se por completo nos telhados, nas árvores, a claridadezinha doce acabou, busco-lhe o queixo

– Chega aqui

e nada, a minha mulher na revista, a voz dela, do interior das páginas

– Larga-me se fazes favor

e quando ela diz

– Se fazes favor

é sinal de que as coisas não estão bem de modo que eu

– Eunice

repito

– Eunice

e a revista entre nós, estico o pescoço a fim de me aproximar da sua cara, arrulho

– Deixei de ser o teu menino mau?

e silêncio, insisto

– Deixei de ser o teu menino mau, Eunice?

e um silêncio mais comprido, a seguir ao silêncio mais comprido a revista muda de página e rosna

– O que tu és é um camelo, percebes?

e nova página, novo silêncio, este silêncio, por sinal, tão comprido que a forma do sofá se altera, tenho as pernas unidas com toda a força, seguro com as unhas os braços de uma cadeira cromada, colocaram--me uma espécie de babete, alguém se debruça para mim a informar

– Este queixal vai fora

e eu de goela escancarada, indefeso, na agonia, dou conta que a minha mulher tirou o lenço da carteira, dou conta que procura disfarçar as lágrimas no destacável de Economia & Finanças, a murmurar como há dez minutos, num assopro, só que não é um assopro, é uma desilusão fungada, a minha mulher, enquanto imagino que a turquês me rompe a gengiva, a soluçar

– Meu Deus.

O MECÂNICO

Ao perguntarem a Picasso qual o seu método de trabalho ele respondeu

– Em primeiro lugar sento-me

e quando se espantaram

– Não sabia que você pintava sentado

Picasso explicou

– Não, não, eu pinto em pé.

É mais ou menos nessa situação em que me encontro agora, eu que arranjei uma mesa alta e desde o último romance escrevo em pé. Estou para aqui sentado, à espera, a viver o período estranho e como que mágico em que o livro, quase apesar de mim, se começa a formar sozinho, filamentos vagos que se aproximam, substantivos casuais flutuando ao acaso por aqui e por ali, cheiros, vultos ora sombra ora luz, coisas sem importância que aumentam e afinal não coisas, o que escutei, o que vivi, o que adivinho. Em agosto terminei Boa Tarde Às Coisas Aqui Em Baixo e faço tenções de iniciar este em dezembro: esquisito, este: nunca me acontecera antes um romance desatar a dar-me ponta-pés na barriga sem haver acabado o parto do anterior, e mais esquisito ainda porque nunca tão-pouco me acontecera ser fecundado de fora para dentro na sequência de uma história verdadeira que um médico me contou. O médico chama-se Pedro Varandas, é um homem que respeito e admiro

(não consigo gostar de uma pessoa que não respeite e admire)

disse

— Vou comunicar-lhe um episódio que talvez lhe interesse

ocupou o lugar à minha frente e entregou-me a aventura de amor mais desgarradoramente bela que alguma vez escutei. Isto em junho, e desde então não há momento em que as palavras dele me não persigam, ampliando-se, diminuindo, alterando-se, rearranjando-se de diversas maneiras, desafiando

— Não nos apanhas

fugindo de mim e esperando-me mais adiante, trocistas

— Não nos apanhas pois não?

regressando quase com dó

— Pronto, toma

e partindo de novo, divertidas, numa gargalhadinha de escárnio, enquanto eu arredondava o Boa Tarde Às Coisas Aqui Em Baixo fingindo não dar por isso e prevenindo à socapa a gargalhadinha

— Já vais ver.

O facto é que desconheço se a gargalhadinha vai ver. Do ponto de vista técnico o que o Pedro me ofereceu é um material muito difícil, exigindo uma delicadeza de mão que ignoro se possuo, uma tal intensidade de emoções que tem de ser trabalhada por trás, em finuras de relojoeiro, uma densidade afectiva que requer uma escrita no mínimo hialina. Se calhar estou a maçar-vos com esta conversa, mas pensei que talvez não lhes desagradasse espreitar a oficina. Os produtos saem para as livrarias sem que os leitores conheçam onde e como são feitos, na confusão de uma bancada de arames de períodos, parafusos ao acaso de adjectivos pelo chão, capítulos inteiros no balde dos desperdícios e cá o rapaz a sair de baixo do romance como o mecânico de sob um carro de motor aberto, com os bolsos cheios de chaves inglesas de canetas, sujo do óleo dos períodos por ajustar e da fuligem de bielas das vivências insuficientemente limpas. Tanto esforço por uma vírgula, um verbo. Tanto obscuro sistema eléctrico que resiste. Tanta incerteza. Tanta aflição. Tanta alguma alegria. Não mostro as etapas intermédias, não falo nelas, nunca converso acerca do que estou a tentar. Por pudor creio, por vergonha, sei lá porquê. Mas por enquanto estou sentado, reunindo chapas, tubos, canos, procurando, naquele monte acolá, no ângulo da memória onde as peças se armazenam, pegando-lhes, observando-as, rejeitando-as, dobrando e esticando os dedos

– Serei capaz?

– Serei capaz de ser capaz?

e só ao ter a certeza de não ser capaz, só quando o desafio me parecer perdido irei tentar contrariá-lo. Quando eu era estudante de Medicina contavam-me que outrora tiravam as pedras da bexiga por intermédio de um processo designado «litotrícia», que consistia em introduzir na uretra uma espécie de tenaz e a seguir, às cegas, esmagar as ditas pedras, o que, como é de ver, apenas raramente se conseguia. A escrita é um pouco isso, só que temos de persistir até esmagar as pedras todas. Não há compulsão nem inspiração que valha: há ofício e método. E nem sequer é romântico: são os braços sujos até ao cotovelo. Mas por enquanto estou sentado na cadeira. Quando não me virem ali encontram-me a martelar como um danado debaixo do carro, de modo a que só tenham que entrar nele e engatar as mudanças. E, se eu lograr que isto funcione, se eu lograr que isto funcione de facto, num instantinho achar-se-ão tão longe que nem a vocês mesmos se vêem.

O OSSO

Há ocasiões em que me pergunto por que motivo, cada vez com mais frequência, regresso à Beira Alta, e a única resposta é que me sinto um cão que deixou por aqui, não sei bem onde, um osso enterrado, que me lembro do osso sem ter a certeza de que osso é que era nem em que lugar o escondi e, no entanto, necessito encontrá-lo como se o osso fosse, para mim, uma questão vital. Não como se o osso fosse: o osso, qualquer que ele seja, é uma questão vital. O problema consiste no facto de com os anos terem mudado quase tudo: tantos prédios novos, tantas ruas, tanta gente estranha. Reconheço algumas casas

poucas

a igreja de S. Miguel, claro, o cemitério, claro, pedaços de travessas, restos de pinhal. Até a feira mudou: já não existem leitões, nem barros, nem ourives, os ourives que partiam de bicicleta, em bando, vestidos de preto, com molas de roupa na dobra das calças. O nosso castanheiro cortado. Indústrias e indústrias, até esplanadas, até um centro comercial em botão. E rotundas. Que é da pedra escura, do silêncio? O cheiro, no entanto, mantém-se, reconheceria este arzinho não importa onde. E a serra igual, em manhãs assim, nítida de uma ponta a outra do horizonte. Ao construírem uma destas rotundas, um destes edifícios, terão, sem darem conta, levado o meu osso consigo? Um osso, acho eu, feito de tanta coisa: pessoas, tardes intermináveis com uma pedra de mica na mão, o correio das seis. A vindima. A loja do Senhor Casimiro. Eu. Pinheiros e pinheiros, em alguns pontos tão espessos que o ar custava a entrar. Farejo por aqui e por ali sem achar nada, nem sequer a minha avó a dizer

– Filho

sobretudo nem sequer a minha avó a dizer

– Filho

uma maneira de dizer

– Filho

que mais ninguém dizia assim.

– Filho

dizia ela, e tudo em paz a seguir. Em que sítio andará a sua voz, os grandes olhos azuis, o roupão com dragões? Por mais que atirasse uma bola de ténis contra a porta da garagem nunca aprendi a jogar. E, de repente, a grande surpresa de ver as criadas beijarem-se uma à outra, de as despedirem, uma delas, em lágrimas

– Só mais um beijinho só mais um beijinho

a minha avó

– Sai daqui

e eu pasmado, junto à bomba do poço com os ramos da figueira em cima. Banhos numa selha, ao fim do dia, a única altura em que me faziam risca no cabelo e me sentia tão grande. À noite luzes a perder de vista, aldeias. Manteigas, julgo eu, muito ao longe. Iam buscar-se os jornais à estação ao meio-dia. O meu avô não acabava de ler a história, em vários volumes, da segunda guerra mundial, com fotografias de aviões e de mortos. Aos doze anos, no ano em que ele morreu, decidi ser escritor. As minhas influências: Salgari, Flash Gordon e o Almanaque Bertrand, cheio de sonetos entusiastas. O meu poeta favorito chamava-se General Fernandes Costa e enxameava o Almanaque

Bertrand de tercetos na minha opinião sublimes. O Almanaque era dirigido pela filha do General Fernandes Costa que, a seguir ao nome do pai, punha sempre «grande poeta português infelizmente já falecido». Pelo menos eu concordava com ela. E em certos números lá vinha o retrato oval do artista, um senhor que se me afigurava magro demais para tanto verso. O aspecto do General Fernandes Costa confundia-me: o pai da minha avó, general também, era imponente, vasto, bigodudo, cheio de autoridade e de medalhas. O General Fernandes Costa possuía menos medalhas, o bigode, modesto, parecia colado ao nariz e a farda emprestada porque me dava ideia de sobrar-lhe. Examinando-o melhor fiquei com dúvidas acerca da dignidade marcial da poesia. A imponência do pai da minha avó relegava as quadras para o lugar subalterno de acompanharem cravos de papel. E atravessei, dorido, a minha primeira hesitação literária. Ia ser um raquítico. Ia ter pêlos postiços. Quase nenhuma condecoração. Ser um retrato oval de sobrancelhas tristes. Fitei-me no espelho a aumentar o peito: seria vasto um dia? Autoritário um dia e, não obstante, capaz de rimar pombos e hortênsias? Serão os pombos e as hortênsias o meu osso enterrado na Beira? A serra nítida de uma ponta a outra do horizonte e eu a escrever isto não na varanda dos meus avós, numa varanda que me não pertence. Na varanda dos meus avós sei lá quem, aposto que não a história, em vários volumes, da segunda guerra mundial. Os capacetes dos soldados alemães esquisitos, excessivos, os dos soldados ingleses os pratos de alumínio em que se deitava a água das galinhas. Enfiavam-nos ao contrário e parecia-me estranho tantos volumes, lidos com ar sério, sobre uma guerra de capacetes pouco práticos e cómicos. Nada que se comparasse a Flash Gordon. Eu a acabar de dizer isto e o osso enterrado a voltar-me à ideia. Ignoro o lugar onde o escondi e necessito encontrá-lo: é uma questão vital. Aqui na Beira apercebo-me melhor dele. Parece-se com a minha avó, tem olhos grandes, azuis, usa um roupão de dragões e diz

— Filho

como nem o General Fernandes Costa saberia dizer. É isso que venho aqui buscar, afinal. Uma voz que me chama

– Filho

ao mesmo tempo que o correio das seis, e dedos que me seguram o queixo com uma ternura tal que tenho a certeza que nunca vou morrer.

O NOIVO DE PROVÍNCIA

E às quintas-feiras almoço nos Moinhos da Funcheira com o Zé Ribeiro, o Zé Francisco, o Vitorino. Os Moinhos da Funcheira são o subúrbio do subúrbio, depois da Venda Nova, da Brandoa, da Pontinha: toda a gente acha feio e eu acho lindo. De onde me virá este amor sincero, genuíno, pelo que as pessoas consideram de mau tom, leões de calcário, duendes de gesso, quadros de queimadas, cerâmicas de casa de banho com cisnes doirados? Por que razão me toca, me enternece, me perco imóvel, na rua, a imaginar vidas e a sentir-me bem nelas sonhando com macramés, filigranas, berloques, lustres a que faltam pingentes, bambis cromados, limpa-chaminés de vidro sobre a televisão? Por que motivo sempre preferi as pessoas das bichas do autocarro às que viajam sozinhas de automóvel? O meu irmão João dizia-me há tempos que tenho um lado de noivo de província. Se por noivo de província se entende os que se vêem nos mostruários dos fotógrafos ambulantes, diante de um telão com a baía do Rio de Janeiro pintada, de sapatos de verniz e uma espécie de smoking, estou de acordo com ele: uma parte minha é assim, não se importa de ser assim, alegra-se de ser assim: se me quiserem ponham-me na cómoda numa rodela de naperon ou comprem-me em postais antigos, de risca ao meio e boca em coração, a enviar pombinhos de laçarote cor-de-rosa ao pesco-ço a uma namorada invisível. Sou excelente em sonetos de almanaque

(dos doze aos treze anos não escrevi outra coisa)

em sentimentos de prata de chocolates, em sair de uma bota como os gatinhos das litografias de bairro, a olharem para vocês, pestanudos e amorosos, em chorar lágrimas de palhaço pobre nos filmes em que a heroína morre após prolongado sofrimento suportado com resignação cristã, maquilhada até ao último suspiro, com uma lágrima

(projector subtil a rebrilhar na lágrima)

que a pálpebra, corajosa e serena, não permite que caia, enquanto se despede do actor

(lágrima idêntica)

numa dignidade apaixonada e aparentemente cheia de saúde que o baton discreto

(projector subtil no baton)

sublinha. E fecha os olhos sem ajuda rodando ligeiramente o cabe-lo perfeito no travesseiro engomado enquanto as palavras

The End

vão aumentando a escarlate, a câmara se afasta até à janela do quarto onde Nova Iorque de noite e eu a fungar no assento à medida que as luzes do cinema se acendem.

É verdade: sou um noivo de província. Nasci para dizer Vosselên-cia, para ter uma boneca na colcha, para me barbear em espelhos bise-lados, para amar uma senhora que pinte as unhas dos pés de castanho escuro e beba chá de macela de mindinho em antena. Ou em argola. E o labiozinho esticado. E o lencinho a secar os cantos em pequeninos toques delicados. E depois de secar os cantos em pequeninos toques delicados me diga

– Fofo

ao ouvido. A gente os dois nos Moinhos da Funcheira a lermos, entre quinanes e bambus, entre chinesas de biscuit e mochozitos-médicos de óculos e bata, essas revistas de quiosque com entrevistas às criaturas da televisão e madames, cujo ofício é estarem ali. E desejando ser como elas, e invejando-as, sem entender que somos como elas e por conseguinte não necessitamos invejá-las. Quando digo que almoço às quintas-feiras nos Moinhos da Funcheira digo que a empregada nos trata por

— Meu querido

nos traz salsichas com ovos estrelados e nos sentimos indecentemente felizes. Lá fora, de uma vivenda toda ananases de estuque e palmeiras em vasos, sai uma rapariga com uma tal harmonia de movimentos, uma elegância tão natural nos ombros e nas ancas que parece fender o ar como um navio, que se assemelha a uma longa corda a desenrolar-se. Nem sequer nos vê. Vemo-la nós, de boca cheia, o pão a meio caminho entre o cesto e o nariz, esquecidos de mastigar, enlevados e idiotas, com os seus passos que se afastam dentro de nós a tarde inteira, os olhos que nunca saberão que existimos e por não saberem que existimos não existimos de facto, somos apenas quatro homens de cotovelos na mesa, sujando as camisas nas nódoas de gordura da toalha de papel. Quatro cretinos encantados. Quatro noivos de província de sapatos de verniz e uma espécie de smoking, com a cabeça cheia de livros inúteis. Passado um bocado recomeçamos a dar ao queixo: a salsicha não sabe a salsicha, sabe a erva, somos uns bois quaisquer que a rapariga deixou, lá para trás, supérfluos e minúsculos. Com pena da gente a empregada diz

— Meus queridos

e soma-nos a conta na toalha. Dividida por quatro não é caro: caro é aquilo que o dinheiro não consegue comprar: os seios a fenderem águas invisíveis de uma mulher que nenhum de nós merece. E tenho a certeza que um projector subtil nos rebrilha na lágrima enquanto as palavras

The End

vão aumentando, a escarlate, e a câmara se afasta sobre uma Nova Iorque de noite, feita de canecas de cerveja vazias.

DA VIDA DAS MARIONETAS

Porque não me disseste logo ao princípio que eras casado antes que me prendesse a ti? Porquê tantas mentiras, tantas desculpas, tantas respostas evasivas, apenas o número de telefone do emprego, não o número de telefone de casa, a aldrabice de que moravas com a tua mãe, a tua mãe doente e o telefone a enervá-la, depois a história grave, quase de lágrima no olho

– Vou dizer-te a verdade

a seguir a um discurso patético

– Não te disse a verdade antes por medo de perder-te

e a treta de uma relação sem amor

– Não sinto nada por ela

mais irmãos que outra coisa, nunca se tocam, não têm relações, ela doente dos nervos, dependente de ti, tentativas de suicídio, angústias e tu com pena dela

– Unicamente pena percebes?

e preocupado com os filhos coitados

– O que as crianças sofrem com isto

o teu dever de dar-lhes uma vida equilibrada

– Não pediram para vir a este mundo pois não?

fazendo, ao mesmo tempo, de pai e de mãe, a tua garantia de que isto não há-de durar sempre, é uma questão de meses, um ano vá lá, dois anos no máximo, os miúdos crescem entretanto, amadurecem, equilibram-se, não é fácil viverem com uma mãe que nem da cama sai, só lágrimas, só instabilidade, só caprichos, só gritos, tenho de lhe fazer ver as coisas pouco a pouco, de me aconselhar com o médico e ontem a Fátima para mim que te viu de braço dado com ela no cinema, que lhe segredavas sorrisos, que lhe davas a mão, que trazias aliança

(onde escondes a aliança quando estás comigo?)

que fingiste não a ver quando passou por ti, a Fátima ao passar por ti

– Olá Rui

e tu a esconderes o alarme em sobrancelhas de espanto, a tua mulher a afastar-se zangada, a Fátima ainda a ouviu repetir

– Olá Rui?

e tu embrulhado em explicações aflitas, uma pessoa de quem não te lembravas, uma antiga colega talvez, a prima de uma prima, tu a tranquilizá-la com um beijo, não uma doente, uma mulher normalíssima, segundo a Fátima parecida comigo com mais cinco ou seis anos, também de olhos claros, também loira com uma carteira igual à carteira que me deste nos anos e agora diz-me lá o que é que eu faço, como queres que te aceite, continue contigo, feita palhaço, a engolir fantasias, o que é que eu faço, conta-me, com um homem que me vigariza, me engana, me jura o que não há-de cumprir, o que é que eu faço com um escroque, Rui, és um escroque, não me toques, não fales, não me venhas com conversas

(mexes tão bem nas palavras!)

não me ponhas a mãozinha aí, tira a mãozinha daí, disse-te para tirares a mãozinha daí, vai-te embora antes que eu descubra o telefone da tua casa, ligue para lá, conte tudo à tua mulher, lhe explique o safardana que és, quero as chaves em cima desta mesa, quero que me desapareças da vista, me desampares a loja, metes-me nojo sabias, a única coisa que sinto por ti é nojo, repugnância, não passas de um rato morto, nem sequer te odeio, desprezo-te, nem percebo como não vomito só de olhar para ti, se ao menos fosses inteligente, bonito, e não és inteligente nem bonito, para te falar com franqueza

(e eu falo-te com franqueza é a nossa diferença)

és um velho, cheiras a velho, se visses bem a tua cara, a tua barriga, as tuas rugas, o cabelinho branco, a careca, não vales nada Rui, convence-te que não vales nada, admite de uma vez por todas que não vales um chavo, desonesto, hipócrita, aldrabão, porque não disseste logo ao princípio que eras casado antes que me prendesse a ti, porque não foste sincero, se tivesses sido sincero eu até aceitava compreendes, sofria mas aceitava, esperava que te divorciasses, lutava por ti, dava-te o que nunca dei a ninguém e que não merecias mas dava-te

(não me interrompas)

onde é que eu ia, ia que te dava o que nunca dei a ninguém, não me interrompas Rui, e que não merecias mas dav

(pedi-te que não me interrompesses não pedi?)

e que não merecias mas dava-te, não me pegues na mão, não te sentes aí, porque me fizeste isto Rui, achas que mereço

(afasta-te)

achas que mereço isto, que mereço sofrer

(por amor de Deus afasta-te)

achas que devo ser infeliz por tua causa, responde se achas que devo ser infeliz por tua causa, não sorrias, não penses que te desculpo com essa facilidade toda, és velho, cheiras a velho, repara na tua corcunda, és um velho, convence-te, um gaiteiro de um velho e hás-de morrer desajeitado Rui, não hás-de compreender, por dúzias de anos que dures, que o fecho do soutien é para o outro lado que abre.

QUALQUER BOCADINHO ACRESCENTA, DISSE O RATO, E FEZ CHICHI NO MAR

Ando há quase um mês fora de casa. Hoje estou em Nuremberga, num hotel com o nome da mulher de Dürer, situado na rua com o nome da mulher de Dürer, Agnes, na parte velha da cidade. Tudo é lindíssimo e sinto um frio do caraças. Amanhã estarei em Colónia, depois de amanhã em Berlim. Tudo lindíssimo também, e também um frio do caraças apesar do sol. Quando volto? Pessoas de olhos de vidro transparente. França, Roménia, Alemanha agora. Na Roménia, em Constança (Constanţa, escrevem eles, com uma cedilha no segundo t), o cheiro de cadáver do Mar Negro, um homem, de barbas, a entrar pelas ondas com o cachimbo na boca. Dúzias de rafeiros vadios, aos sobejos, que me cheiram os dedos. E o homem, de água pelo pescoço, sem tirar o cachimbo. Mesmo ao longe notam-se as baforadas. Eu a tentar arranjar tempo para escrever o romance, roubando-o aos jornalistas, aos leitores: que esquisito isto em que me tornaram. Não entendo o romance, vou avançando, às cegas, páginas fora, porque sei que o romance se entende a si mesmo e isso me basta. O Patriarca da Igreja Ortodoxa tirou o terço do pulso, benzeu-o, enfiou-o no meu: espero que resulte. Há alturas em que necessito tanto que Deus se preocupe comigo. Almocei com o Patriarca no mosteiro, servidos por freiras silenciosas, excepto os Pais Nossos em latim. São Miguel Arcanjo zangado na parede: porquê? Nem sequer tenho tido tempo de pecar. Depois, cá fora, andei a roubar nozes com uns miúdos descalços. Não comia nozes, há eternidades, que me soubessem tão bem. Um camponês construiu uma réplica da Torre Eiffel, de dez metros de altura, no meio do milho. Lá ficou ela toda orgulhosa, coitada, para ali a chamar-nos. Museus de cacos gregos, romanos, em vitrinas. Centenas de cacos: dá ideia que a minha filha Joana passou por aqui. O quarto dela ganharia o primeiro prémio num concurso de instalações.

Quando volto? Árvores que falam uma língua diferente, nuvens que não são as minhas, o Patriarca comunicando com a corte celeste pelo telemóvel: é um homem grande, de pequenas mãos delicadas, sensíveis: seguram os talheres na pontinha, com a pinça das falanges. Monges numa latada: nunca mais os verei. Em Nuremberga catedrais, igrejas, o anel de oiro, preso numas grades, que se roda para dar sorte. O meu País muito longe: se penso nele sinto uma palpitação como antes de um beijo. A seguir aos autógrafos, enquanto escrevo no quarto, horas medievais num relógio perdido. Em cima da almofada um chocolate para atravessar o sono, amabilidade da gerência. Entregam-me um marcador para assinar um cartaz com a minha cara: aproveito para tapar aquelas feições que não são minhas, desenhar-lhes um bigode. Acho que não gostaram da ideia: percebe-se porque os olhos deles mais transparentes ainda, uma crispaçãozinha educada nas suas caras tão brancas. Quando volto, gaita? Telhados inclinados, a estátua de Dürer, velho, cheio de dignidades de bronze. Em Paris um director de teatro, argentino, explicava-me que, a seguir aos cinquenta, se está mais perto da harpa do que da guitarra. Estou mais perto da harpa do que da guitarra e gostava de fazer dois ou três romances ainda, recordando-me de um provérbio húngaro que afirma: qualquer bocadinho acrescenta, disse o rato, e fez chichi no mar. Julgo que guardo alguns chichis cá dentro. Faço esta crónica sem saber onde as palavras me levam, tacteando paredes com a bengala da caneta: aqui e ali um degrau, uma esquina, um desnível que me estremece a frase. Copas amarelas do outono, ursinhos de peluche numa janela fechada, amparados à cortina. O aspecto de bibliotecário do recepcionista: recebe a minha chave como se fosse um livro precioso, alinha-a no cacifo como numa estante. Se me perguntassem

– Sentes-te sozinho?

respondia que não. O pintor Dürer, no seu pedestal, faz-me mais companhia do que ambos julgamos, assim majestoso, trágico, e o espelho sorri-me antes que eu lhe sorria. No canal pago da televisão uma mulher finge orgasmos por cento e vinte e cinco euros, pisca o olho à câmara, arredonda-se em êxtases. Tudo isto em dez segundos, dado que aparece de imediato o letreiro a anunciar desculpe mas você não pagou, e a mulher some-se com os seus prazeres teatrais. O écran fica preto. Passos no corredor, duas vozes que alternam: deve ser a criatura do canal pago, acompanhada do parceiro. Falta-me qualquer coisa que tenha gosto de vento, estou farto de fazer e desfazer malas, ou seja meter a roupa à matroca lá dentro. Deve ser tarde, os olhos adormecem sem mim, a mão teima em escrever. A da minha avó poisa-me na cabeça, demora-se a despentear-me, pensativa. Para onde foi ao morrer, avó, que não me visita nunca? Deitaram abaixo o seu prédio. Se não lhe fizer diferença volte a pôr a mão aqui em cima, trate-me por filho. Tratava-me por filho, lembra-se? Assim como assim acho que preciso de si.

D.

Que amarga, esta Sexta Feira Santa. Fui ao McDonalds e trouxe o almoço, dentro de um cartucho, para a mesa onde escrevo. Um tempo feio como a merda lá fora, o romance à espera, o telefone calado. Abro a caixinha do hamburger, enfio a palha no copo: gosto de enfiar a palha no copo, na parte da tampa marcada com uma cruz no interior de um círculo, gosto do som das pedras de gelo no plástico. Quase ninguém na rua. A mercearia aqui ao lado fechada. A pastelariazita fechada. Uma buzina mas ao longe. Talvez haja pessoas vivas no quarteirão a seguir. Até o gato, que costuma empoleirar-se no tejadilho do meu carro, não veio. São vários: há um, pardo, sempre deitado no degrau da porta: não veio também. As coisas, à minha volta, tão quietas, livros, fotografias, cadeiras. A lâmpada do candeeiro que se apaga constantemente

(um mau contacto qualquer)

e acendo à portuguesa: à batatada. Fica a tremer de medo, lá se decide por fim. Agora o ladrar de um cão, o que é estranho porque não conheço cães aqui perto. Mentira: há um pequenino, sempre colado à dona. O preto que me vendeu a comida desejou-me boa Páscoa. E bem disposto. E sorria. Não estou a exagerar, assim mesmo:

– Desejo-lhe uma boa Páscoa

e como sou educado desejei-lhe boa Páscoa também. Ainda deve estar a sorrir, metendo batatas fritas nos pacotes. Nos gestos do homem que, quando eu era pequeno, aplicava o gelado no cone. O homem dos gelados, esse, não sorria nunca. Nos intervalos dos clientes sentava-se num banco, enrolava a calça e punha a perna ao sol. Com um suspiro que o esvaziava todo. A lâmpada do candeeiro tornou a apagar-se.

Tenho uma camisa azul, uma camisola azul, umas calças azuis: o céu sou eu. E está frio. Cartas por responder no móvel ao lado, os poetas latinos que costumo tentar traduzir para fazer a mão: Virgílio, Horácio, Ovídio. A cor da luz no vidro mudou: se calhar a minha camisola destingiu lá para fora. E sol: um losango tímido nos ladrilhos, quase a alcançar o sofá. Depois empalidece, desiste. Na clarabóia, ao fundo, uma palidez suave. O busto de um compositor qualquer de costas para mim. O silêncio. O meu blusão, sem eu dentro, um trapo no espaldar. Quatro e meia da tarde.

Ontem fui a casa do João. É engraçado como, ao olhá-lo, vejo as suas idades todas. Conhecemo-nos tão bem! E sem palavras inúteis, sem efusões, de longe, cerimoniosos, a pingarmos ternura. De todos os meus irmãos é o que mais me comove. Gostava tanto que fosse feliz. O meu pai, ao jantar, subitamente velho. Longe dele não é este o pai que lembro. Nem esta a mãe. Velhos ou disfarçados de velhos, a enganarem-me? Disfarçados de velhos, é claro. Não morrem. Vejam-me lá isso, como dizem os mecânicos, não morrem. O sorriso do Miguel. Eu para ali parado, a olhar. Quase nunca falo. Para quê? Dizemos tanto, assim. Fiquei contente por o João ter o retrato de nós dois no escritório. Foi sempre digno e corajoso nas alturas difíceis. Eu sei. Estive em Nova Iorque com ele. E durante mais de vinte anos a gente no mesmo quarto: isto faz nascer uma unidade indestrutível, tão forte que nunca se tornou necessário mencioná-la. Ou antes: fingimos não dar conta dela. Não sei porque raio de motivo me estou a inclinar para a pieguice. Ponto final.

Onde é que eu ia portanto? Ia que hoje Sexta Feira Santa, quatro e meia da tarde, a escrita empurrada a cigarros conforme, durante a tuberculose, empurrava a comida com água: um enjoo, um fastio. Era criança mas lembro-me de tudo: das dores no corpo, da febre. De me darem presentes e os atirar ao chão. Nossa Senhora, a quantidade de coisas que ao longo da vida, por estupidez, tenho atirado ao chão. Lembro-me do horror da chegada da noite quando a febre aumentava. Não sabia o que era a morte

(não existia a morte)

e contudo uma desistência em mim, uma raiva, os sons que doíam, os cheiros que doíam. O meu avô, muito sério, a espreitar-me da porta. Os rebanhos passavam, ao fim do dia, ao portão, e os guizos aleijavam-me. Tudo aleijava. Há alturas em que tudo continua a aleijar. Ponto final.

Que amarga esta Sexta Feira Santa. Não é da solidão: nunca me senti só. Quando estou sozinho sou todo meu, dizia Leonardo, e entendo-me comigo. Quatro e meia, não: quase cinco agora. As canetas na caneca de Praga. A lista dos telefones um cemitério por ordem alfabética, com toda a gente deitada. O losango de sol alcançou o sofá, principiou a trepá-lo. Deito os restos do McDonalds no lixo. Ficam por lá, a fermentar. Espreito o automóvel na esperança que o gato de volta. Gato nenhum. Só eu na rua e agora nem eu: as tipuanas magras, estes prédios. O que me apetecia era ver o lago dos peixes mas já não há o jardim. O lago maior, o caramanchão, as roseiras, a estufa, as estátuas de loiça com os nomes das estações. O que me apetecia mesmo era tu nessa poltrona, o teu corpo. O mar da Praia das Maçãs, de manhã, a rescender a pinheiros. Em agosto. E, a seguir ao jantar, sentir as ondas ao longe. Acho que só isso: sentir as ondas ao longe. Sentir as ondas ao longe. Sentir as ondas ao longe.

E PRONTO

Agora não. Talvez daqui a uma hora, amanhã, depois de amanhã, mais tarde, mas agora não. Agora aguenta-te, finge que és forte, sorri ou, pelo menos, puxa os cantos da boca para cima: se mantiveres os olhos secos vão pensar que é um sorriso. Então basta pedir

– Com licença

e saíres. Quantos metros até à porta? Seis? Sete? Continua com os cantos da boca puxados para cima, caminha de lado se não tens espaço, vai pedindo

– Com licença

toca ao de leve costas, ombros

– Com licença

contorna esse homem gordo que te não ouviu

(os homens gordos nunca ouvem)

quatro metros, três metros, mais costas, mais ombros, a música mais intensa porque um amplificador mesmo em cima de ti, já nem vês o bar, já nem vês a pista, vês cabeças, caras, nenhum braço que te acene, te chame, cabeças que não tornarás a ver, caras que nunca viste, o homem gordo ainda, a ficar lá para trás, distante, duas costas, dois ombros e a porta, umas costas, uns ombros e a porta, nenhumas costas, nenhuns ombros, a porta, ou seja a primeira porta, o bengaleiro a seguir, entrega a senha à empregada, recebe o casaco, agradece o casaco aumentando o sorriso

(não soltes os cantos da boca)

devias ter entregue uma moeda com a senha

(entregaste?)

a segunda porta, a rua, as pessoas que esperam para entrar e te olham com inveja, o segurança de braços afastados a impedir uma rapariga

– Um momento

pisca um olho ao segurança

(pisca-se sempre um olho amigo ao segurança)

cumprimenta-o

– Até amanhã

ou assim, tanto faz, não se entende com a música, aceita a palmadinha do segurança que afinal te conhece

– Tão cedo?

e as pessoas que esperam para entrar não somente com inveja, com respeito, hesitando quem serás, quem não serás, uma delas

(a esperta)

para o segurança, a apontar-te

– Sou prima desta tipa

o segurança a aumentar no interior da camisa

– Disse um momento não disse?

já quase ninguém, já ninguém, tu sozinha na esquina, procura as chaves do carro na mala entre os lenços de papel e os óculos escuros, deixaste o automóvel ali em baixo, na praceta, não esta travessa, a seguinte, a seguinte também não, havia um chafariz por aqui, depois da padaria fechada talvez

(é uma padaria)

que estes bairros antigos parecem-se todos, acanhados, estreitos, os

caixotes do lixo a atravancarem o passeio para além do que os morado-
res deitam fora, uma cadeira, um fogão, um armário amolgado, aí está
o chafariz no fim de contas não à esquerda, à direita, com uma luz
municipal em cima, a coroa da monarquia, uma data na pedra

1845

nenhuma bica a deitar água, a praceta e o seu quadrado de relva, o
banco de madeira a que faltam duas ripas, um jipe e passando o jipe
o teu carro, quando chegaste entre um jipe e uma furgoneta e agora
entre um jipe e outro jipe, os dois tão unidos ao automóvel que vais
gastar um século a torcer o volante, a avançar, a recuar, a tirá-lo de
modo que bates devagarinho neste, bates devagarinho naquele, talvez
desta vez

(não, um avanço e um recuo ainda)

um drogado fraternal a auxiliar a manobra, vasculhar na carteira
(lenços de papel, óculos escuros, a agenda com a página do telefone do
dentista solta)

em busca de uma moeda para o drogado

(a moeda que devias ter dado no bengaleiro)

e o drogado a olhar-te sem olhar a moeda de forma que tranca o
carro depressa, o estalido das portas e o drogado a troçar-te mas com
os olhos sérios, a espalmar o nariz no vidro, a diminuir, inofensivo, à
medida que avanças, becos, travessas, sentidos proibidos, onde se apanha a avenida, onde raio se apanhará a avenida, novos sentidos proibidos, uma camioneta de lavar a rua a impedir-te um caminho que pensas conhecer, uma seta a obrigar-te a contornar uma estátua que não é
bem uma estátua, é metade de um homem a emergir de um calhau e
nisto, sem que dês conta, o rio, armazéns, contentores, uma espécie de
guarita e perto da guarita os pescadores da noite jogando linhas ao
Tejo, o cheiro do gasóleo, o cheiro da vazante, percebes a água por refle-
xos, escamas, não necessitas de sorrir nem de puxar os cantos da boca,
inclina um bocadinho o banco, acomoda-te melhor, liga o rádio, experimenta um cigarro e a página do telefone do dentista a surgir da carteira juntamente com o maço

(não apenas o dentista, Dina, David, Duarte)

um papelinho amarelo colado por baixo do telefone a lembrar-te

(quarta-feira onze)

a consulta, guarda a página, se não achas o isqueiro tens o isqueiro do carro, empurra-se e daqui a nada salta com a ponta vermelha, não gostas do isqueiro do carro porque o tabaco queimado fica preso aos aneizinhos em brasa, um dos pescadores procura isco na alcofa, os morros de Almada, uma paz tão grande não é, um sossego lento não é, uma calma não é, a tristeza a dissolver-se, fecha os olhos, descansa, e vais ver que daqui a nada já não te lembras que acabámos, daqui a nada já nem te lembras de mim.

UM PÉ A BALOIÇAR, NU, FORA DO LENÇOL

Quando eu era estagiário, no Hospital de Santa Maria, colocaram-me num serviço pediátrico em que havia crianças com doenças terminais. Afeiçoei-me a uma delas, um rapazinho chamado Zé Francisco: tinha 4 ou 5 anos, era tão bonito, tão doce e, por estranho que pareça, tão alegre no seu sofrimento. Ia emagrecendo, perdendo o cabelo, apequenando-se. Quando um adulto morre numa enfermaria vêm dois empregados e levam-no numa padiola, coberto por um lençol. Mas o Zé Francisco não era uma pessoa, era um menino e os meninos não têm direito a padiola: para quê gastar uma padiola inteira com uma criatura insignificante? Por conseguinte, quando o Zé Francisco morreu não veio a padiola nem vieram os dois empregados, veio um apenas com o lençol dos defuntos. Embrulhou o Zé Francisco no lençol e transportou-o ao colo pelo corredor adiante. Um dos pés do miúdo baloiçava, nu, fora do pano. Um pé minúsculo: continuo a vê-lo, desaparecendo ao fundo, na porta. Às vezes ocorre-me pensar que é para esse pé que escrevo. Há coisas que se pegam à gente, não nos largam, insistem, sem que compreendamos o motivo: pedaços de canções por exemplo, frases escutadas na rádio, o meu pai a jogar ténis na Urgeiriça, de calças compridas brancas e pulôver branco, eu a andar de bicicleta, como um burro de nora, em torno do castanheiro, e a voz, não sei de quem, que me ordenava

– Faz um oito, rapaz, faz um oito

comigo apenas capaz de zeros, numa aflição de queda. O castanheiro secou e cortaram-no. Onde é que eu ia? Ia no pé do Zé Francisco, ia que o pé do Zé Francisco permanece comigo. Nada de importante: o pezinho de uma criança que morreu com um cancro, enquanto eu continuo a andar à roda em torno do castanheiro. A Serra da Estrela azul, manchada de luzinhas. O cheiro que, desde Carregal do Sal, nos acompanha. Nunca quis ser médico, queria ser empregado numa biblioteca, numa livraria, empanzinar-me à borla daquelas páginas todas porque, com o dinheiro que tinha, pouco podia comprar. Lá ia aos sábados para os alfarrabistas, a contar as moedas do bolso: nunca chegavam. Se por acaso eu dissesse ao homem da loja

– Já sei fazer oitos

comover-se-ia? O mais certo era responder-me

– Só faltava que um matulão como você não soubesse

ou demorar-se a olhar para mim, representante de uma juventude sem futuro:

– É isso dos oitos que te ensinaram na escola meu parvo?

quando, na escola, aprendi

(coisa importantíssima)

a detestar a escola, e continuo-lhe grato por isso. Que doentio, o liceu, os professores, a tirania imbecil do reitor, obrigar os meninos a tornarem-se viciosos, cínicos, a fim de sobreviverem àquilo: só os filhos da puta respiram, sejam filhos da puta. O professor de moral apalpava-nos debaixo dos calções, obrigava-nos a beijar-lhe a mão, dava-nos, em resposta, beijinhos nas orelhas, apertava-nos a cabeça contra a sua barriga. Um dos professores de desenho chamava-nos ao urinol, ordenava

– Mostra lá

e, se um colega aparecia, esbofeteava-nos com força

– Bandalho.

A ferocidade dos contínuos, que vendiam lingerie de contrabando às professoras: meu Deus o que eu sonhei com aqueles soutiens pretos de rendinhas vermelhas, que elas experimentavam

– Acho que é pequeno demais senhor Gervásio

por cima da roupa. O decote da que ensinava geografia e nos deixava pasmados, a gaguejar os rios, inclinando-nos para aqueles mundos que inchavam, subiam, nos roçavam quase. A saia travada dela impediu-me, para sempre, de compreender os fusos horários: vejo os relógios nos aeroportos e não entendo: os ponteiros abandonavam o mostrador e cruzavam-se devagar sob a secretária, com a turma inteira, a apanhar réguas do chão, a fim de poder espreitar. O senhor Gervásio, da lingerie de contrabando, percebeu o furo e iniciou connosco um comércio próspero de fotografias de mulheres nuas, estendidas em sofás, nevoentas e generosas, que escondíamos dos pais sob as capas de forrar os livros. O sofá da minha era de pele de tigre, e o professor de moral, o dos beijinhos, deu com essa visão abençoada, rasgou-a em gestos teatrais

– Pecado, pecado

e aplicou-me uma falta de castigo garantindo

– Vais para o inferno, camelo

o que não me assustou por aí além visto que eu não era tão estúpido que fosse morrer. Quem morria eram os velhos e as galinhas que a cozinheira depenava e, não sendo velho nem galinha, existia algures uma mulher nua, estendida no seu sofá, à minha espera: ainda o deve ocupar, a pobre, porque não há maneira de dar com ela. Como se chamará? Clementina, Berta, Milú? Como a reconhecerei se a cruzar na rua, desmaquilhada, de blusa e calças? Se tivesse a bicicleta fazia um oito perfeito, a Clementina

(ou Berta, ou Milú)

– Adoro-te

e comprava-lhe a lingerie preta, com rendinhas vermelhas, das professoras do liceu. Arranjava um sofá de pele de tigre. Era feliz. Apanhava a régua do chão para espreitar melhor, transtornado pela harmonia dos tornozelos: obrigado, senhor Gervásio. Graças à sua ajuda quase esqueci a criança do serviço pediátrico do Hospital de Santa Maria, um rapazinho de quatro ou cinco anos, tão bonito, tão doce, tão alegre no seu sofrimento. Quase esqueci o pé que baloiçava nu, corredor adiante, fora do lençol. Quase esqueci as coisas que se pegam à gente e não nos largam, insistem, perduram, sem que compreendamos o motivo: pedaços de canções, frases escutadas na rádio, o meu pai a jogar ténis na Urgeiriça, de calças compridas brancas e pulôver branco, eu a andar de bicicleta, como um burro de nora, em torno do castanheiro, unicamente capaz de zeros numa aflição de queda. Na janela da enfermaria nem uma nuvem sequer. As árvores lá em baixo, mas demasiado longe para poder tocá-las: bem tentei. O castanheiro secou e cortaram-no. Ficou um buraco no seu lugar. O mesmo em que às vezes, em momentos muito secretos, me apetece enfiar-me. E escutar, debaixo da terra, a bomba de puxar água do poço, que um dia destes, não sei quando, não me puxará mais.

UM TERRÍVEL, DESESPERADO E FELIZ SILÊNCIO

No princípio de março acabo o meu romance, começado em junho de 2002. Devia estar contente: é melhor, sozinho, que tudo o que publiquei até agora, somado e multiplicado por dez. Durante vinte meses gastei nele praticamente as vinte e quatro horas de cada dia desses meses, escrevi-o desencantado, com vontade constante de destruir o que ia fazendo, sem saber bem para onde me dirigia, limitando-me a seguir a minha mão, num estado próximo dos sonhos, e ao começar a revê-lo, surpreendido, pareceu-me composto

não composto, ditado por um anjo, por uma entidade misteriosa que me guiava a esferográfica. Foram vinte meses num estado de sonambulismo estranho, descobrindo-lhe, durante as correcções, uma coerência interna que me havia escapado, uma energia subterrânea, vulcânica, de que me não julgava capaz. Devia estar contente: não estou. Em primeiro lugar porque nem um cisco de vaidade existe em mim. Sou demasiado consciente da minha finitude para isso, e muitas vezes recordo o que o advogado de Howard Hughes, o milionário americano, respondeu ao jornalista que logo após a morte do seu cliente lhe perguntou quanto é que Hughes tinha deixado. O que o advogado disse foi

– Deixou tudo

e eu deixarei apenas, além de tudo, uns livros e, espero, alguma saudade nas poucas pessoas que me conheceram e fizeram o favor de gostar de mim. Nada mais. Em regra chegamos demasiado tarde a algum conhecimento da vida que de pouco nos serve. Uns livros. Este, que me devia deixar contente e não deixa. O que sinto agora, a uma ou duas semanas de acabá-lo, é um enorme enjoo físico do acto de escrever. Até junho ou julho não começarei outro romance porque me sinto exausto. E no entanto

(e é por isso que não estou contente)

aborrece-me ter, com sorte, talvez tempo para mais dois ou três livros antes que as águas se fechem definitivamente sobre a minha cabeça: eis a verdade. E esse facto aborrece-me. Acho-o injusto, dado que sinto em mim, com ganas de subirem à tona, não dois ou três livros mas uma mão cheia deles. Começo a ter uma ideia do que é escrever, começo a entender um pouco o que se pode construir com as palavras, começo, muito difusamente, a distinguir algumas luzitas ténues no profundo escuro da alma humana. E agora, que deveria começar, sinto e sei, na carne, o limitado espaço que me resta. Meu Deus, isto é frustrante: eu pronto a principiar e o tempo a fugir-me. Não faço a menor ideia qual será o livro seguinte, os livros seguintes e, no entanto, sinto-os vivos, dentro de mim, como o salmão deve sentir os ovos. Resta-me tentar que me saia do corpo o maior número possível. E penso em Maria Antonieta, já no estrado, para o carrasco:

– Só mais um minuto, senhor carrasco.

Aí está: só mais um minuto, senhor carrasco, só mais uns minutinhos, senhor carrasco. O destino de um artista é tremendo: ao vencer o tempo acabamos derrotados por ele, ou talvez seja mais certo ao contrário: apesar de derrotados pelo tempo vencemos? Ignoro a resposta. Sei que fiz o melhor que pude, que faço o melhor que posso, que tenho uma confiança cega na minha mão e na minha parte de trevas que é aquela que escreve. Não se escreve com ideias, não se escreve com a cabeça: é o livro que tem de ter as ideias, que tem de ter a cabeça. Eduardo Lourenço chamava-me a atenção para um verso do meu não caro Pessoa, «emissário de um rei desconhecido/ eu cumpro informes instruções d'Além», e isto é o contrário do patetinha iluminado. E quem não entende que é outra coisa nada entende de literatura e, pior, nada entende da Vida. Entender é dar fé da unidade sob a diversidade, do que existe de comum entre factos contraditórios. Não quero contar histórias, não quero explicar, não quero demonstrar nada. Quando escrevo quero apenas libertar-me do que escrevo e, se quisesse alguma coisa, seria apenas, se a isso fosse obrigado, dar a ver. Não mais do que esse tão modesto, tão ambicioso objectivo: dar a ver. Um livro são muitos livros, tantos quantos os seus leitores, é um pacto de sangue. Desconheço o que me trouxe a eles, não alcanço o menor vislumbre acerca do que me obriga a fazê-los. Se me perguntam

– O que é que quis dizer com este romance?

a resposta sincera é

– Não quis dizer nada

e não quis dizer nada porque me foi ditado. Isso terão de perguntá-lo a quem mo ditou. O meu trabalho consiste apenas em conseguir ouvir, e para conseguir ouvir dar-lhe tudo o que tenho. Sobra pouco para mim? Não tenho essa opinião. Tenho, antes, a de viver rodeado de pessoas vivas que se misturam com as pessoas vivas de quando não estou a escrever. E se advertem

– Devias trabalhar menos

não entendo também: será isto trabalho? Não lhe chamaria trabalho. Honestamente não saberia o que chamar-lhe. Dá-me a sensação de ser a minha própria carne, as portas dos meus quartos fechados

(tantos quartos fechados)

dos meus quartos que nunca antes abri e me cegam, de supetão, com o excesso de luz das suas janelas, dá-me a sensação, nos momentos felizes, de caminhar sobre as águas. Disse numa entrevista que me aconteceu com este livro o que antes nunca me tinha acontecido: eu, que sou homem de olhos secos, escrevi a chorar. Não de tristeza, nada que se pareça com tristeza: uma espécie de júbilo, de exaltação absoluta como nunca antes me sucedera, feita de ter tocado, ainda que durante segundos, a própria essência das coisas. Sem o haver merecido. Sem qualquer mérito meu. Somente porque o tal «rei desconhecido» do soneto de Pessoa, meu pouco amado escritor, resolveu dar-me essa esmola. Escrevi esmola e, depois de haver escrito, hesitei: esmola não me soa bem e contudo é verdade. Despe-te não da vaidade que não tens, mas do orgulho a que ferozmente te agarras, porque é uma esmola de facto, e enche os teus livros, à custa de muito viveres com eles, de um terrível, desesperado e feliz silêncio.

NINGUÉM É MAIS POBRE QUE OS MORTOS

Não sei se você já morreu. Estou a escrever isto num comboio que atravessa a França de Montpellier a Paris, os solavancos da carruagem tornam-me a letra esquisita e não sei se você já morreu. Quando o vi no hospital do cancro, magríssimo, sem cabelo, sem forças, quase incapaz de falar, pensei

– Vai durar um ou dois dias, uma semana no máximo

e portanto não sei se você já morreu. Na cama ao lado da sua um homem olhava para mim de uma maneira que não vou esquecer, parecido com um bicho aterrado. Você tinha atrás de si a fotografia da equipa do Belenenses, escrito à mão na fotografia – porque não havemos de ser campeões?

e mesmo que sejam campeões você não saberá porque você vai morrer. Vai morrer aos trinta e quatro anos

(cedo não é?)

vai morrer de cancro, não há um centímetro quadrado do seu corpo que não esteja apodrecido pelo cancro, você vai morrer, Tó, você vai morrer. Vai morrer enquanto eu, em França, vivo o sucesso do meu livro, dos meus livros, tenho a imprensa e os leitores aos pés, o editor trata-me como se eu fosse

(e sou)

a criatura mais preciosa deste mundo, os críticos pulam de alegria, ando de apoteose em apoteose e você vai morrer, Tó, vai morrer e se calhar, pelo facto de ir morrer, pensa que pode obrigar-me a pensar em si o tempo inteiro, a não ligar a esta barulheira à minha volta, a esquecer que sou um génio, que fui eu, não o Belenenses, quem ganhou o campeonato este ano, pensa que pode ocupar as minhas noites com o seu sorriso, a sua coragem, os seus dedos magríssimos a apontarem uma televisão pequenina

– Faz-me companhia

e as pálpebras a fecharem-se, exaustas, a sua dignidade, a sua ausência de pieguice, a sua morte tão próxima, Tó, a sua morte aqui mesmo porque você vai morrer. Ninguém é mais pobre que os mortos, disse uma escritora americana que também morreu assim nova, você não é só pobre morto, Tó, foi também pobre vivo, não tem o direito de perseguir um homem importante como eu

(quem é você ao pé de mim, você não é nada ao pé de mim, você sabe que não é nada ao pé de mim)

deixe-me em paz, não me aborreça com a sua vontade de viver, a sua vontade de lutar, não seja mais valente que eu

(você não é nada ao pé de mim)

porque sou eu que estou vivo, Tó, e você vai morrer, não me atormente com os seus projectos, os seus planos, você sente que vai morrer, Tó, você vai morrer. Ao sair do instituto do cancro, depois de visitá-lo, só tive ganas para me encostar a uma coluna e permanecer ali, estupidamente, a olhar os arbustos, as árvores, as pessoas que entravam, o seu pai que tirou o lenço do bolso das calças quando a voz lhe tremelicou um bocadinho, o seu pai que se recompôs logo, Tó, num pudor que me custou ainda mais, o seu pai

– São uns dias

e você lá dentro, perto da janela, a morrer. Disse-me

– Gostava que lesse umas coisas que escrevi

isto não na visita ao instituto do cancro, um tempo antes, pelo telefone, eu

– Claro que sim

para não contrariar um moribundo, um rapaz de trinta e quatro anos todo roído pela doença, eu sem a menor intenção de ler fosse o que fosse, a desculpar-me, calado

– Não posso ler tudo o que me mandam

e, no entanto

– Claro que leio, Tó, claro que leio

tentando ser agradável para si porque você é pobre, porque ninguém é mais pobre que os mortos e você vai morrer. Vai morrer e devia ter tido a educação de não me arrastar na sua morte trazendo-me à cabeça pessoas de quem gostei e que partiram, morreram de uma morte igual à sua, Tó, morreram e deixaram-me e agora é a sua vez, percebe, não tenha esperança, desista, não adianta ter esperança porque você vai morrer, está a morrer, você está a morrer e eu aqui, no estrangeiro, no meio deste aplauso todo

(que vitória a minha, inveje-me)

a voltar para o hotel, a fechar-me no quarto e a vê-lo o tempo inteiro à minha frente, Tó, o seu sorriso, o seu aperto de mão sem energia alguma, os seus gestos sem força e não se iluda que você vai morrer, não me mace com os seus planos

(você não tem espaço para planos)

os seus projectos

(não há-de cumprir nenhum projecto)

os seus sonhos

(que veleidade a sua, ter sonhos)

acabe com as fantasias, Tó, você vai morrer, um dia ainda, dois dias, cada vez mais sonolência, mais morfina, vai morrer longe de mim, em Lisboa, no meio dos outros cancerosos que vão morrer também, você vai morrer. Na janela do comboio árvores, rios, o sol, calcule, calor, calcule, um tempo lindo para mim, não para si, o tempo terminou para si, logo telefono para casa

– O Tó?

e, se calhar, um silêncio, o mais provável é que um silêncio, eu

– O Tó?

e então, no meu ouvido

– O Tó morreu, sabias?

O Tó morreu. Vou acabar isto, amigo, escrevi demais sobre a sua morte sem importância alguma, sobre a sua pessoa sem importância alguma, sobre os seus trinta e quatro anos sem importância alguma, quem era você? Por quem se toma você? Só acho que isto é um pesadelo, Tó, que não é verdade, só acho que nada disto é verdade, só quero achar que nada disto é verdade, percebe, garanta-me que nada disto é verdade, garanta-me que não vai morrer, Tó, não vai morrer, eu leio-lhe os contos, prometo, e pode ser que goste deles porque simpatizo consigo, porque

(acho eu)

gosto de si, porque me dói vê-lo morrer, Tó, faça-me um jeitinho, não morra, diga-me, com a sua cara magríssima, com os seus olhos apagados, com a sua boca sem cor que não vai morrer, que com um pingo de sorte o Belenenses há-de ser campeão e precisa de viver para assistir a isso, precisa de assistir a isso, Tó, o Belenenses campeão, imagine a alegria que vai ser o Belenenses campeão.

QUEM NÃO TEM DINHEIRO NÃO TEM ALMA

A casa é a mesma mas tudo mudou. Não na casa, claro, nem no quintal, nem na mimosa. E nos quartos os objectos de sempre, os prédios do costume nas janelas, o cheiro igualzinho, o silêncio idêntico. A torneira habitual a pingar, espaçada, na banheira. O aparador, a mesa, a poltrona de desde você pequena. Só que você não está. No rés--do-chão a cozinha, a sala de jantar, o telheirozito da pia, o muro a que falta um pedaço no lado do beco: por aí não há diferenças também e então penso se tudo mudou ou fui eu que mudei. Se calhar fui eu que mudei porque você não está. E por você não estar as coisas a ganharem um significado diferente, retratos de súbito cheios de sentido, uma nódoa no tapete que quer dizer não sei o quê, eu tentando achar explicações, mensagens, segredos que recusei ouvir naquele elefantezinho de marfim, naquela máscara da parede, na moldura sem vidro onde uma menina, que não estou bem certo quem seja, você ou a sua irmã, tanto faz

(não merece a pena mentir, sei perfeitamente que você)

sorri. Você com treze ou catorze anos, uma blusinha de riscas, a boca que se manteve a mesma ao longo do tempo. A testa parecida

com a da sua mãe, noto-o melhor agora. Não se vêem as mãos, gostava de lhe ver as mãos mas você não está e levou-as. Para onde?

Ao fundo do quintal

(que patetice escrever ao fundo se o quintal tão pequeno)

o compartimento da máquina de lavar, da tábua de passar a ferro,
do cesto com a cafeteira eléctrica avariada. Sobe-se um degrau, a luz
corre ao longo do tubo de flúor, hesita antes de se fixar, fixa-se e uma
claridade de água suja. Oiço a voz da sua avó

– Quem não tem dinheiro não tem alma

e nem avó nem bengala, a portinha da máquina de lavar aberta,
ninguém. Aos domingos, no verão, o seu pai trazia uma cadeira de lona, arrumava-a no quintal e ficava para ali, de olhos fechados, a bara-
lhar os polegares junto a um canteirito de flores de que nunca soube o
nome. Há séculos que ninguém as rega e as flores acabaram: uns cau-
les rígidos, secos, a mangueira inútil no chão. Era vermelha e cor-de-
-rosa agora. Um gato saltou do vizinho para o telhado do compartimento da máquina de lavar onde me observa quieto, com uma das
patas suspensa, delicado, curioso. A pata suspensa como o mindinho
da sua mãe ao pegar na chávena de chá. E a avó, a molhar a torrada

– Quem não tem dinheiro não tem alma

fitando o mundo com os óculos azedos, minuciosos de inveja. De
facto não havia muito dinheiro e detenho-me a imaginar se haveria alma. Os mesmos sapatos sempre, a mesma roupa: é a alma isto, quer
dizer casacos eternos, adiar a pintura do quarto, o dinheiro contado e
recontado na lata do pão? Tirando a velha ninguém se queixava e o relógio no topo do frigorífico, cujo mostrador imitava uma panela e os
ponteiros uma faca e um garfo, ia engolindo as horas. No que lhe res-
peita engoliu-as todas dado que você não está. Foi não vou contar para
onde, nem vou falar dos carros, nem do padre, nem da gente calados:
garanto apenas que não está, ou melhor é a casa quem garante que não
está, a casa a mesma e em que tudo mudou. Curioso como o seu retrato se me afigura outro. O lenço no espaldar outro. O maço de

cigarros com três cigarros dentro à cabeceira. Toco no maço e não é em papel que toco: agradar-me-ia supor que é em si. A cadeira de lona do seu pai sem ninguém, riscas azuis e brancas, a forma do corpo. O seu pai vejo-o lá fora na rua, de polegares nos bolsos, quieto, sem se interessar por nada. Na altura do jantar há-de vir, as pessoas vêm não é, tiram o guardanapo da argola, servem-se. A sua mãe arruma coisas no sótão, tem levado a vida a arrumar coisas no sótão. As pálpebras da sua irmã mais grossas, o labiozito de vez em quando a tremer, um sopro perplexo

– E é isto

enquanto se volta de costas com um pulozinho dos ombros. Há--de passar-lhe. Há-de passar-nos a todos, o tudo que mudou voltará ao que foi, e então a casa a mesma-mesma. Nós a comermos. Nós sem si diante da televisão. Nós com mais tempo para o banho sem darmos conta que com mais tempo para o banho. Mais algum dinheiro também e, por conseguinte, um bocadinho de alma. A sua avó deveria gostar. O problema é o retrato, você com treze ou catorze anos e blusinha de riscas, o retrato que me persegue, me incomoda, o facto de não lhe ver as mãos. Aborrece-me a falta das mãos. É que às vezes poisava uma delas na minha cabeça, jurava

– Vamos ter uma casa só para nós prometo

jurava

– Um dia vamos sair daqui

e eu, como se calcula, alegrava-me: sobraria, por exemplo, espaço para um filho. Ou um cão. E você

– Gosto que me trates por você como as pessoas ricas

a tirar-me a aliança antes de apagar o candeeiro e a sorrir o sorriso da fotografia

– Agora vamos fazer de conta que não somos casados, pode ser?

OLHOS NÃO TRANSPARENTES, DA COR DO MUSGO
NAS ÁRVORES ANTIGAS

Nesta fotografia a minha mãe estava grávida de mim: parecia quinze anos e tinha os olhos transparentes. Não um sorriso: a forma que a boca toma antes do sorriso, como os pássaros no momento antes do voo. Ainda faz muitas vezes essa expressão mas os olhos não são transparentes, são da cor do musgo nas árvores antigas, e o resto da cara parece que se construiu a partir deles, a testa, o nariz, o queixo, o penteado em moda naquele tempo, a blusinha abotoada até ao pescoço. É curioso que me recorde pouco da minha mãe durante a infância: lembro-me do suplício de me cortar as unhas, lembro-me dela na praia e no entanto desfocada, imprecisa. Nunca lhe contei nada de mim. Nunca contei nada de importante a quase ninguém. Fui-me fazendo sozinho, obstinado, secreto. Durante a breve licença de dois ou três dias antes de partir para a guerra fechei-me na casa de banho para não me ver chorar. Na véspera do navio

(acho que na véspera do navio)

os meus pais foram jantar comigo a Abrantes: não teriam sido precisos facas nem garfos: comemos silêncio o tempo inteiro e conservo

comigo esse sabor. É igual à morte: dói, depois amansa. Tinha na carteira o retrato da minha sobrinha Margarida e por estranho que pareça
o retrato pesava imenso no meu bolso. É igual à morte: amansa,
depois dói, depois amansa de novo. Adiante. Um comboio de tropas
demora o século de uma noite a chegar de Abrantes a Lisboa. E chovia. Pinheiros e pinheiros sob a chuva. Marchas militares no cais, discursos. Tremer sem febre. Tremer tanto sem febre. O meu irmão João
estava na América. Gosto muito dos meus irmãos, envaideço-me deles.
Adiante também. A gente a transbordar de amor, de ternura, e a esconder tudo à pressa, envergonhados, como os ciganos que vendem
camisolas na rua a guardarem as camisolas não vá chegar a polícia.
E fica-se assim, de mãos nas algibeiras, a fingir que não é nada. Caminhar entre as pessoas com uma chávena a transbordar de beijos, devagarinho, segurando aquilo tudo com imenso cuidado, no medo que
algum beijo caia. Até agora não caiu nenhum: é uma questão de prática. Engraçada, a minha relação com os meus irmãos: mesmo quando
não estou de acordo: se for necessário defendo, contra a minha, a posição da maioria. O Zé Cardoso Pires, para mim: vocês têm uma
ligação muito forte, percebe-se na forma como estão juntos, como se
dirigem uns aos outros. E eu: é forte porque é impiedosa. E penso que
descobrimos cedo que cada um de nós tem os defeitos das suas qualidades, conforme um carro tem os travões adequados à potência do
motor. Forte igualmente porque a solidão de cada um é enorme. Senti
isso em New Jersey, ao ver bonecos de peluche num quarto vazio.
O João e eu comíamos gelado em caixas de cartão a assistir aos jogos do
Los Angeles Lakers. De manhã, neve ao redor da casa. Os esquilos no
jardim. A varanda de madeira. A dentista norueguesa que me deixou a
camisa toda escarlate de baton. Eu, que perdi tanta coisa, conservei, sei
lá porquê, o nome dela: Bjorg. Onde é que eu ia? Na minha mãe grávida de mim, nos quinze anos, nos olhos transparentes. Isso na sala da
televisão, na mesinha onde está o telefone. A luz do candeeiro acesa
nas tardes de inverno, a acácia do jardim. A mesma. Julgo que devo

estar no fim desta crónica, que poucas palavras para a última linha. Olhos não transparentes, da cor do musgo nas árvores antigas. Não nos fitam. Perdem-se na moldura e para além da moldura na parede. Para além da parede Benfica inteira, a Jugoslávia, o Paraguai, o mundo. Se eu andar lentamente vou até ao universo sem entornar um beijo. Se me perguntarem

– O que levas aí?

respondo

– Nada

porque se responde sempre

– Nada

ao perguntarem-nos

– O que levas aí?

e claro que é mentira. Quer dizer, não é bem mentira: é apenas um comboio a chegar de Abrantes com soldados a tremerem

não de frio

lá dentro. Não de frio. Qual frio? Algo que dói e depois amansa. Os bonecos de peluche em New Jersey amansaram e um esquilo, contente, aproxima-se de nós no jardim. Não lhe estendo nem uma avelã: ele que coma o silêncio no meu lugar.

O CORAÇÃO & OUTROS FRUTOS AMARGOS

Amanhã encontro-te. Não sei onde mas encontro-te: no automóvel ao meu lado no sinal vermelho, no correio por causa de uma encomenda, na mesa, acolá, do restaurante onde almoço, numa passagem de peões, na sala de espera do dentista, seja onde for encontro-te. Não deves ter mudado muito, nenhum de nós, mesmo que tenha mudado muito, mudou muito: qualquer coisa, uma expressão, um gesto e reconheço-te logo, reconheces-me logo apesar de pintares o cabelo, apesar de eu ter engordado, noto-te a cicatriz pequenina na sobrancelha, notas-me a aliança que não queria que notasses e não conseguirei tirar a tempo, eu a esconder o dedo

(como se esconde um dedo?)

apesar de escondido o dedo tão ali, a aliança enorme, percebo que reparaste na aliança embora finjas não haver dado por ela, percebo a pergunta sem pergunta

– Casaste?

escondo mais o dedo, tento, com os outros dedos, fazer escorregar a aliança para dentro da algibeira e não consigo, o anel que trazes

(um anel grande)

impede-me de me certificar se tu aliança ou se tu não aliança, percebes a minha pergunta sem pergunta

– Casaste?

e não respondes, não me tratas por tu, tratas-me por você, estamos
ambos de pé nesses coisos onde se metem moedas para estacionar o
carro, cada um de nós segura uma moeda entre o indicador e o polegar, ainda que esteja à tua frente dou-te a minha vez, digo

– Faça favor

(esquisito o você, não?)

o coiso não te aceita a moeda que atravessa duodenos metálicos e
tomba no janelico lá em baixo, tento por ti, os intestinos soluçam, di-
gerem a moeda, um quadrado de papel com horas impressas surge
num segundo janelico à esquerda do janelico que recusava a moeda, fi-
tas-me com admiração pela minha competência com coisos e moedas,
verificas o papel para verificar seja o que for, para evitares olhar-me,
aproveito para meter a minha moeda e apanhar o meu papel, por instantes

(demasiados instantes)

verificamos os papéis respectivos, sorris-me

(talvez não bem um sorriso mas como explicar de outra maneira?)

sorrio-te

(é óbvio que não bem um sorriso mas como explicar de outra maneira?)

sacodes o papel adiante de mim

– Obrigada Carlos

e de novo o sorriso não bem um sorriso a que respondo com um
sorriso não bem um sorriso

(como explicar de outra maneira?)

apetece-me dizer-te que não mudaste muito, que não mudaste nada, no instante em que ia dizer-te que não mudaste muito, não mudaste nada, dizes-me

– Não mudaste muito

corriges

– Não mudaste nada

O teu papel a acenar, o meu papel quieto, o teu papel

(não tu)

evidentemente que não tu, o teu papel

– Gostei de ver-te

o meu papel quieto, o meu papel calado, o teu papel a voltar-me as costas, a afastar-se, o meu papel

– Luísa

e quieto, calado, na mão da aliança e calado, nunca conheci um papel tão calado, só quando, ao procurar-te, não te achei, é que o papel

– Sabia que nos havíamos de encontrar

é que o papel

– Fica-te bem o cabelo assim claro

é que o papel com vontade de conversar contigo, pedir-te o número do telefone, escrevê-lo na agenda na letra L, a seguir a Laboratório e a Licínio, é que o papel

(o idiota)

– Talvez não acredites mas tenho pensado tanto em ti

é que o papel

(o estúpido)

– Apesar de tudo fomos felizes não fomos?

o cretino do papel

(não eu)

a perder-te, a saber que te perdia, a saber que te perdia se calhar para sempre, a saber que te perdia de certeza para sempre, é que o papel

(o camelo)

a trotar em vão até à esquina, a conseguir tirar a aliança, já não tenho aliança, já não sou casado, é que o papel

– Espera

enquanto cai no chão e ele que não pense, não se iluda, não tenha a fantasia que vou apanhá-lo, quero lá saber da bodega do papel, fica para aí no chão, não me aborreças que é para ver se aprendes que quando eu amanhã

que no caso de eu amanhã ou para o ano ou nunca encontrar a Luísa não tens o direito de me atraiçoar, não tens o direito de me deixar ficar mal, de impedir-me de voltar a ter

(válido até às 14 e 25)

o que há tantos anos esperava.

UMA CARTA PARA SHERLOCK HOLMES

Às vezes apetece-me ser como Rosa Luxemburgo, que andava pela rua a chorar com pena das pessoas. Claro que não choro, sou homem de lágrimas medidas, mas fazem-me tanta pena as pessoas. A vida delas, na maior parte dos casos, tristíssima. Algumas nem se dão conta disso: aceitam. E têm outros olhos, por trás destes, de meninos assustados, sem destino. Logo que podem morrem, não de nenhuma doença em especial, apenas porque a saúde se acabou. Jaurès começou o seu primeiro discurso, na Assembleia francesa, com a frase

– Meus senhores, os senhores vivem mal

e tantos olhos por trás destes a cada passo, nos restaurantes, nos hospitais, nos cinemas. Há tempos, na última ocasião em que fui buscar livros ao Correio, pus-me a ver os que ali estavam como eu, de papelinho na mão, à espera. Mulheres, homens, gente de toda a espécie: pareceram-me vazios, lentos, cansados, gastos pela desilusão dos dias. As mulheres, sobretudo, a quem os sonhos falhados tiraram o brilho, a quem a desesperança maltratou. O horror dos casamentos, a pequena tirania quotidiana dos maridos, a quem só pedem que as entendam sem necessidade de palavras. O manso desespero das funcionárias atrás do balcão, os sorrisos delas desprovidos de luz. Sol lá fora, nas árvores. Aqui lâmpadas. Envelhecem entre lâmpadas acesas, com o sol lá fora. Os psiquiatras engordam à custa das lâmpadas acesas, eles que não vivem melhor. Vendem conformação em lugar de alegria. Adapte-se ao mundo, não peça ao mundo que se adapte a si. Por que carga de água não se há-de ordenar

(não pedir)

ao mundo que se adapte a nós? Raios os partam. Conheci-os bem, sei do que falo. «Diminuição da superfície de contacto com a realidade», dizem eles. Como se a realidade tivesse uma superfície de contacto. Como se a realidade existisse. Existe a depressão: é um cão negro. No caso de não termos medo dele vai-se embora. Em apagando todas as luzes acesas com o sol lá fora o que acontece? Uma das minhas avós necessitava de um desgosto para ser feliz. Se fôssemos, ao menos, como a mãe de Conan Doyle, o criador de Sherlock Holmes que é, com D. Quixote, o mais célebre personagem de ficção. E justamente, acho eu. Ora bem, quando a mãe de Conan Doyle soube que o filho queria matar Sherlock Holmes para se ocupar de livros que ele considerava mais sérios, escreveu-lhe a repreendê-lo com dureza:

«Livra-te de fazer o menor mal que seja a uma pessoa tão simpática e educada como o senhor Holmes».

E o filho, que remédio, obedeceu. A senhora Doyle, evidentemente, não era louca. E Sherlock Holmes, evidentemente, é real: «livra-te de fazer o menor mal que seja». Às vezes encontramos pessoas assim, que nos reconciliam com o mundo. «Diminuição da superfície de contacto», que burrice. A «superfície de contacto», e volto atrás, só diminui no caso de acendermos as lâmpadas com o sol lá fora, no caso de não tomarmos atenção, de não vermos. Pela janela, do outro lado, janelas negras, vazias. Uma rapariga agora, a sacudir um pano. Mais janelas vazias. São onze e trinta e cinco da manhã e todas as janelas vazias: andam a trabalhar, julgo eu. Relógios de ponto, minúsculos ódios, maçadas. A volta, horrível, para casa, onde a solidão a sós ou com outra criatura, outra sombra. O sentimento de para quê que os acompanha, fiel como o mau cheiro. Meu Deus como o sentimento de para quê dói. Devia existir uma pessoa tão simpática e educada como o senhor Holmes para cada mulher. É que ainda hoje, tanto tempo depois da morte de Conan Doyle, em 1930, chega uma média de quarenta e tal cartas semanais ao 221–B de Baker Street, onde o detective vivia, e dirigidas a ele. «Diminuição da superfície de contacto com a realidade?» Não: a realidade mesma. A única em que, com um pouco de sorte, poderemos habitar. Janelas e janelas, agosto, a paz das tipuanas. Ando à procura de um final para este texto. Lorca

(hoje estou cheio de citações)

pedia

«ai terminem vocês, por piedade, este poema»

mas não seria justo: pagam-me para escrever e vocês pagam para lerem, portanto sou eu que tenho de acabá-lo. Como? Cinco para o meio-dia. Não sei. Em todo o caso sei que me apetece mandar uma carta a Sherlock Holmes para que as lâmpadas se apaguem de facto e o sol entre. Aliás, e em nome da «superfície de contacto com a realidade», tenho a certeza que me responderia.

AUGUSTO ABELAIRA: ESCRITOR

Só vi Augusto Abelaira uma vez. Mário Soares, primeiro-ministro, tinha convidado quinze ou vinte escritores para tratar da mudança de Fernando Pessoa para os Jerónimos. Eu estava a começar a publicar e, de uma assentada, deparei-me com as celebridades em peso. Conhecia-as das fotografias dos livros e achei-as muito velhas e muito feias, desprovidas da dignidade majestosa das contracapas. Lembro-me de ter pensado

– Se fosse mulher não queria um destes caramelos nem de borla

e a obra de quase todos, que já não tinha em grande conta, desceu, dentro de mim, um degrau invisível. Os sofás da residência oficial eram imensos e moles. A certa altura, num deles, sentavam-se José Hermano Saraiva, Fernando Namora e Abelaira. Como eram pequeninos e as almofadas profundas só lhes via as cabecinhas, como maçãs poisadas numa prateleira, e os pés, sem alcançarem o chão, a dar e dar. Gaspar Simões tinha mais brilhantina que cabelo

(conforme eu suspeitava)

e Natália Correia, com uma boquilha do tamanho de uma muleta, varria a sala em gestos de Dama das Camélias. O seu peso ajudava-a a não levantar voo. Soprei para o Zé Cardoso Pires

– Que colecção, meu Deus

ele enfiou-me o cotovelo na barriga para me calar, um movimento mais amplo de Natália Correia disparou o cigarro da boquilha, e fiquei à espera de ouvir a explosão, lá ao fundo, quando a beata-bomba atingisse o tapete. Essa noite de Feira Popular veio-me à memória quando soube da morte de Augusto Abelaira. Fraco leitor dos seus romances sempre tive por ele, no entanto, admiração e estima. Havia neste homem, frágil, apagado, uma dignidade que me tocou. Sabia da sua coragem aquando do prémio de Luandino Vieira e de como, não tendo votado nele, afirmou à Polícia Política que o fizera, salvando desse modo, sem o saber, um amigo meu, membro do júri, que se havia acobardado. Não censuro aquele que teve medo, mas não posso deixar de sentir um imenso respeito pela valentia e dignidade de Abelaira. Este episódio permanece, ainda hoje, para mim, como um exemplo único da matéria de que um homem deve ser amassado. E quaisquer palavras que eu possa acrescentar, por mais elogiosas que sejam, desmerecem de um acto destes. Depois, ao comprido do tempo, ouvia falar de Abelaira, de quando em quando, a pessoas sérias: todas o consideravam, na sua honestidade, na sua cultura, no seu rigor; lia-lhe as crónicas, inteligentes e tolerantes, desprovidas de ódio, irónicas muitas vezes, quase sempre discretamente afectuosas. Tentei os livros: pense eu o que pensar acerca da sua têmpera

(e pouco importa o que penso)

existe neles a mais rara das qualidades que um artista deve ter e a que, sem dúvida, mais prezo: o sentido ético da escrita e da vida, um paciente trabalho, uma fidelidade total ao seu modo de encarar a literatura. Tive pena de lhe ter apertado a mão uma única vez: honrar-me-ia que ele ma estendesse de novo.

Sinto uma consideração quase nula pelo que, em Portugal, se publica. Desgosta-me a infinidade de romances desonestos, entendendo por desonestidade não a falta de valor intrínseco óbvio

(isso existe em toda parte)

mas a sede de lucro rápido através da banalização da vida. Livros reles de autores reles. Precisamente o que a obra de Augusto Abelaira nunca é. Típico romancista de geração lutou, numa época difícil, com ferramentas difíceis, retratou um tempo duro e espinhoso com o material que possuía. Foi um artesão sério, de plaina séria: e o que publicou pode fitar-nos de frente sem vergonha. De quantos mais podemos garantir isto? Quem veio depois, como eu, imagina mal

(não pode deixar de imaginar mal)

o combate das mulheres e dos homens da geração de Abelaira, e quanto era penoso manter a coluna vertebral direita a livros que a ditadura exigia acorcundados. Graças a pessoas como ele o meu trabalho tornou-se mais fácil: consistia apenas em erguer a casa sobre as fundações de seriedade intelectual que deixaram, com uma coragem e uma angústia sociais que, felizmente, me foram poupadas. Insisto na palavra coragem, porque é rara e preciosa. Como a palavra modéstia. Como outra que vou repetir: exigência. Porque, não tenhamos dúvidas, são as criaturas como Abelaira que tornam o nosso presente habitável e, no que a humanidade diz respeito, nos ensinam a importância da honesta fidelidade a dois ou três princípios sem os quais não há literatura de espécie alguma: a da paciente conquista que cada livro é, e a amargurada dor de o escrever. Aquele senhor pequenino, só cabeça e pezinhos a dar e dar num sofá cruel, era maior do que eu na estatura da sua condição. Tudo nos separava ao nível do ofício: concepções, ideias, factura. Tudo me aproximava dele na esperança da salvação pela palavra e do trabalho como razão de ser. Quando o jantar de Mário Soares acabou foi-se embora sozinho, a passo miúdo. Vestia mal, as cores não davam umas com as outras, calçava umas horrorosas botas amarelas, de atacadores gigantescos. E, no entanto, afianço que morava nesse sujeitinho uma discreta grandeza, de tal maneira que ao sumir-se na curva do jardim ainda continuava comigo. Parecia quase não existir e, por estranho que pareça, era necessário olhar para cima para o conseguir ver.

RATINHOS DE CHOCOLATE

Agora, com a chuva, é diferente: as plantas da varanda parecem envernizadas, caem uns pingos do beiral de cima

(mais frequentes à esquerda que à direita)

exactamente sobre o corrimão de madeira, a terra dos vasos escurece e sinto-me melhor assim. No verão, com o sol nas paredes toda a tarde, custa mais: sei a que horas alcança o quadro, a que horas, em junho, deixa o quadro, a que horas se arrasta pelo chão até desaparecer no tapete, envergonhado. É nessa altura que vou para a cozinha e começo o jantar.

Talvez não se possa chamar jantar ao que como à noite: uma sopa, uma salada, uvas, o queijo que vai endurecendo no frigorífico, coisas dessas. Entre lavar a loiça e limpar a cozinha acabo às nove. Fico no banco a olhar para a marquise e nove e meia. Candeeiros, fachadas, o ângulo da praça. Às dez desço o estore da marquise

(sempre oblíquo)

vou para o quarto e deito-me. Não acendo a luz: conheço, há tanto tempo, o lugar de cada coisa, o número de passos necessários. Tiro a colcha, as almofadas, puxo um canto do lençol. Descalço-me e que diferente o soalho quando a gente se descalça. Não sei explicar. Mais íntimo? Não, mais íntimo não. Tanto faz. Mas diferente quando a gente se descalça.

Aliás a cama também diferente quando a gente acorda, morna, a cheirar a nós. Devo ter um sono sossegado porque quase não preciso de endireitar nada, um toque aqui, outro ali, já está. Abro a janela para o meu cheiro se ir embora: uns dias vai, outros, desconheço o motivo, demora-se a estagnar. Encontro-o e estranho.

– De quem é este cheiro?

até compreender que me pertence. Que sou eu. Houve cheiros diferentes há anos: o da minha madrinha, por exemplo, a remédios, a limões amargos, ao xarope dos brônquios. Era o cheiro, não ela, que falava

– Carmen

e eu a poisar o ferro na tábua

– Diga, senhora.

Em duas ou três ocasiões queimei a tábua, ou seja o tecido de forrar a tábua, buracos com bordos castanhos, auréolas de cinza. Ainda lá estão. Curioso como os buracos envelhecem. Como mesmo os buracos envelhecem. Curioso que não me sinta envelhecer. O médico de mão no ar

– Atenção à vesícula

e eu, dentro de mim porque faço cerimónia

– Qual vesícula?

dado que me sinto bem, me sinto nova. No talho continuam a chamar-me menina e por conseguinte não devo ter envelhecido. Visto a mesma roupa, quase não distingo um cabelo branco que seja. Menina Carmen, a menina Carmen que continua nova. Sessenta e quatro em outubro e nova. Rugas, poucas. Ao encontrar-me, por acaso, num espelho

(não sou muito de espelhos)

podia perfeitamente cumprimentar-me

– Boa tarde menina Carmen

sem chocar ninguém. Por exemplo, reparem, eu

– Menina Carmen

e a chuva impassível, as plantas da varanda envernizadas, os pingos
(mais frequentes à esquerda que à direita)

no corrimão de madeira, a terrina do tio piloto da Marinha indiferente. Uns pavões ou o que é desenhados na terrina. Pássaros orientais,
julgo eu, da Índia ou de Macau e o tio piloto há séculos

– Garota

a oferecer-me ratinhos de chocolate. Tio Gastão. Ao adoecer da
tuberculose internaram-no no Caramulo mas o

– Garota

permanece no cadeirão onde nunca me atrevi a instalar-me, onde
ratos de chocolate misturados com tosse

– Garota

e um grande silêncio depois. Tio Gastão. Usava botas, sempre
muito composto, muito engraxado:

– Um destes domingos levo-te a passear de barco

e não chegou a levar-me. Os barcos via-os do miradoiro, parados
na bandeja do rio. Isto em setembro dado que agora, com a chuva, é
diferente. Gosto da chuva, as pessoas a molharem-se lá fora e eu seca,
com um xailezinho, no banco. Se calhar é altura de ir para a cozinha
aquecer a sopa, retirar o queijo do frigorífico. Altura do jantar: não se
percebem as plantas da varanda, não se percebe quase nada. Percebe-se
a menina Carmen

(pelo menos o espelho

– Olá menina Carmen)

a unir os joelhos, a cobri-los com a saia e a fingir que aceita o rati-
nho que ninguém lhe oferece. Coleccionava as pratas do chocolate, ali-
sava-as com a unha, colocava-as no livro de leitura que guardo acolá
na cómoda, que a menina Carmen guarda acolá na cómoda, e o tio
Gastão

– Sim senhor, sim senhor

satisfeito comigo, sem tossir, a minha madrinha calada, tudo tranquilo, apenas um pingo, de longe em longe, no longe da varanda. Não é triste, o inverno. Há momentos em que me apetece que não acabe nunca.

JÚLIO POMAR: PINTOR

Os antigos, que de acordo com o conhecimento comum eram criaturas sábias, ao desenharem os continentes que lhes iam aparecendo reproduziam o contorno da costa, escreviam-lhe por cima

aqui há leões

e resolviam o assunto de uma penada. A seguir vinham outros antigos mais recentes que lhes aperfeiçoavam os bonecos e iam enxotando a ideia dos leões para o interior da terra, de tal modo que hoje, modernos que somos, e tirando a excepção amável dos Jardins Zoológicos

(que se destinam a aliviar os fins-de-semana dos pais separados com filhos pequenos)

os leões habitam apenas nos mundos muito secretos do interior da vida, que é o lugar onde os artistas trabalham. Às vezes a gente pensa que eles, os artistas, estão ao pé de nós e não estão nem meia: quer dizer, parte deles está ali, a conversar, a comer, a rir-se, sossegadinho da silva, e o resto, que é tudo, anda por Atlântidas difusas a enxotar leões até ficar a ilha clara, a linha da costa como deve ser, a geografia do mundo a descoberto.

Júlio Pomar pertence a esta espécie de criaturas raras: traz a gente à luz do dia, com o camaroeiro da palma. Há alturas em que penso nele como num parteiro: está ali, vamos supor, um corpo só corpo, ele enfia o braço, dá voltas e mais voltas com os pincéis, ou o carvão, ou o que lhe der na gana, em grutas muito escuras, e pranta diante do pessoal a cartografia completa não apenas de nós mesmos mas daquilo a que pertencemos. E o resultado final não é amargurado, não é dorido, não é triste: é uma celebração da vida, porque

(isto é tão evidente para mim, Nossa Senhora)

Júlio Pomar pinta contra a morte: perante um quadro seu não me vem à ideia

– Quem fez isto não acaba

mas sim

– Sou eu que não acabo porque ele fez isto

ou seja, que me está a salvar da minha finitude com a sua obra, que é uma jubilação da inteligência dos sentidos. O poeta Paul Fort aconselhava que deixássemos os sentidos pensarem

(laisse penser tes sens)

o que apenas se torna possível com muito trabalho, muita tentativa, muito caminhar sem olhos

(dado que isto se passa fundo, onde os olhos não chegam)

alumiado pelo que usa chamar-se talento, génio, sei cá, e que consiste apenas, afinal, na capacidade de iluminar as coisas, de indicador feito vela, quando a electricidade falta. E, onde estão os leões, palavra de honra que não existem fusíveis. Então Pomar lá vai aos poucos, chama-os pelo nome e eles pronto, inteirinhos, poisados na concha, dado que no lugar em que os antigos escreviam

aqui há leões

e que é deles que os não topamos, Pomar segura-os pelo pescoço, diz sem palavras

– Amanhem-se com esses

e some-se no atelier em busca de uma nova remessa. Em certo sentido trata-se de uma vocação de carteiro: entrega o correio e continua até à porta seguinte. E então, por seu intermédio, recebemos as cartas que sabíamos que nos escreveram e não chegaram nunca e também as que ignorávamos ter escrito, aquelas que nos fazem bater com a mão na testa, pasmados

– É isto

espelhos mais espelhos que os espelhos, devolvendo

(trucla)

a impiedosa naturalidade dos retratos, que é como quem diz não o que somos mas o que devíamos ser se nos observássemos sem complacência nem dó. Os artistas que me interessam são os que me tornam inteligentes de mim e do mundo, aqueles que, como Júlio Verne aconselhava, me declaram ser necessário tomar lições de abismo. E emprestam asas como outros alugam barcos para passeios no rio. No entanto, atenção: a pintura de Pomar é coisa perigosa, cheia de baixios, correntes, torvelinhos imprevistos para quem se atrever a mais do que olhá-la de longe. A gente põe-se defronte daquilo, todo bem disposto, vai o sacana do quadro, chupa-nos, e não se sai de lá conforme se entrou: almas sensíveis abstenham-se, dado que ao voltar à superfície se trazem, pegados a nós, inumeráveis despojos, precisamente os que cuidávamos guardados na gaveta mais secreta da alma, obrigando-nos a ajoelhar com a força inapelável e densa da nossa humanidade primitiva. Por via das coisas previno desde já que aqui há leões. De agora em diante é convosco. Não se deixem enganar pela amabilidade, a ironia, a aparência inocente

(a espaços tão simplezinha, a filha da mãe)

que nos vêm com meneios e requebros de sereia de esquina. Ponham-se a pau com o contorno da costa e não avancem terra fora. A menos, ilustres colegas, que concebam a arte como experiência vital. Por baixo do seu arzinho ameno Pomar é impiedoso. Tudo é trabalhado nas vísceras, cheio de infinitos alçapões: exactamente como a vida. Uma tia minha costumava dizer

– Empresta-me um romance leve que para assuntos pesados basta a vida que, contrario eu, não é pesada nem leve, consoante a obra de Pomar o não é. São telas e desenhos e gravuras e etc que nos perseguem sem descanso, como esses cães amorosamente terríveis que, contra a nossa vontade, encontram sempre, os safados, o caminho de volta para casa.

!

A Praia das Maçãs de novo, a casa dos meus pais de novo. Todos os anos prometo a mim mesmo

– Foi o último

e ignoro, sinceramente, o que me faz voltar. Saudades de quê? Nunca me senti especialmente feliz aqui, as pessoas das famílias com quem a minha família se dava não me interessam, estou a escrever um livro e passo os dias no quarto, à noite a neblina desbota para dentro de mim e entristece-me: o que me fará voltar? Os meus irmãos, de quem gosto muito, a luz, de quem gosto também, e não é isso, meu Deus, não é isso. A minha infância? O menino que deixei de ser tornou-se um antepassado e em certa medida uma criatura enigmática, distante, da qual sou filho ou neto, da qual conservo uns traços: o orgulho, a paciência, a solidão. O sorriso, talvez. Já em criança se me afigurava esquisito haver nascido dos meus pais: herdei pouca coisa deles, acho eu, qualidades, defeitos, parecenças físicas. A violenta insegurança do meu pai e a secura da minha mãe impacientavam-me: tive de me construir sozinho, não contra eles mas de costas para eles, e julgo que isso foi bom: tornou-me livre. Estou-lhes grato por não me terem dado nada a não ser a matéria de que me modelei. Pensando melhor acho que herdei a austeridade, o desprendimento. Não me é difícil ir embora, a qualquer momento, seja para onde for, sem necessitar de mala. O que preciso cabe, literalmente, nos bolsos das calças. Porque regresso à Praia das Maçãs então? Tive momentos duros por cá aos fins-de-semana, no inverno, com a Zezinha e a Joana pequenas. Não vou falar nisso. Tive momentos bons, claro: namoradas, jogos de hóquei em patins, a alegria, difícil de exprimir, dos golos, o dia dos meus dezoito anos, dois meses antes da morte do meu avozinho, que trouxe a garrafa de vinho do Porto do avô dele, de Belém do Pará, com o nome no rótulo, Bernardo António Antunes, guardada, com muito mais de um século

– Para bebermos quando fores maior

e que afinal, para seu imenso desgosto, estava estragado. O de Belém do Pará, o avô visconde, como dizíamos todos, um minhoto que embarcaram para o Brasil em catraio, acabou rico no Amazonas, e o rei D. Luís deu-lhe um título: é o anel dele que trago no dedo: sou o herdeiro de nada, porque as fortunas da Amazónia pifaram com a borracha de Singapura. Suspeito que o rei D. Luís não deu o título: vendeu-o. Pobre avô visconde, do qual nem um retrato conheço. Conheço fotografias do meu avô, pequenino, em Belém. Do visconde nicles, salvo este anel, claro, e uma garrafa de vinho do Porto sem conserto. Tomámos um cálice heróico, entre caretas. Mas não é disso que se trata aqui, é da Praia das Maçãs e de mim. Se me perguntassem

– Gostas da Praia das Maçãs?

hesitava. E no entanto, reparo, povoa os meus livros. Como Nelas, vila tão amada, a que regresso sempre que posso. Se gosto da Praia das Maçãs? Não tenho nada em comum com as criaturas que aqui veraneiam, nem as cumprimento sequer

(– O António é tão malcriado)

porque não as vejo e, se as visse, não teria paciência, vejo os pinheiros, o mar

(para esses tenho paciência)

os da terra que me conhecem desde sempre

(para esses tenho paciência)

ando um bocado a pé, por aí, ao acaso, num intervalo do livro, passo pela casa da minha tia Bia como se ela não tivesse morrido, apetece-me entrar na sala, estarmos juntos, calados, diante da televisão apagada. Não a esqueci, tia, não a vou esquecer. Que mais? Na minha família não somos especialmente divertidos nem faladores, uma implacável discrição cobre o afecto, não se fazem perguntas pessoais, não se comenta a vida de ninguém. Engraçado: durmo na minha cama de adolescente, não durmo nem melhor nem pior do que em qualquer outra cama e, em geral, nunca me recordo dos sonhos. O que me fará voltar? Julgo que volto pelos meus irmãos. Por um certo melro no pinhal. Pelo cheiro das ondas. Pela tal criatura de que sou filho ou neto e a quem, a esse sim, devo o que sou. Para que o ar da praia lhe dê boas cores. Para reencontrar as suas aspirações confusas, a febre dos seus entusiasmos, as suas ingénuas certezas. Lá está ele a contar as ondas, a medir versos com os dedos, poesias que julgava boas e não valiam um chavo. Depois percebia que não eram boas e recomeçava. Tinha uma fé em si mesmo que me confunde e, de certo modo, comove-me. Não de certo modo, comove-me de facto. Lembro-me dele pensar

– Nem que deixe a pele nisto hei-de conseguir

e deixou a pele nisto: tornou-se eu. Valeu a pena? Lembro-me dele pensar

– Não escrever é estar morto

e até na guerra, todos os dias, continuou a escrever. Julgo que volto, portanto, pelos meus irmãos, por ele e por mim. Não me escapou, foi deliberado: volto por mim também. Pelo homem que sou agora. Com a profunda humildade que o orgulho, que mencionei ao princípio, inevitavelmente traz. Agora, que o meu pai já não está, vejo-o a ler sob uma copa. Vejo a minha mãe a ler. Oiço o melro. Ainda se tira a mesa de pingue-pongue da garagem. O Pedro acende um charuto. Os olhos azuis do Miguel, os mais azuis de nós todos. As nuvens de Sintra. Eu a pedalar na Tomadia. É curioso: custa-me ir embora. Decido que me aborreço e custa-me ir embora. A correspondência mais curta que existe foi escrita entre Victor Hugo e os seus editores. Tinha mandado Os Miseráveis, os editores não lhe ligavam peva e Victor questionou-os, numa folha de papel:

?

Tempos depois chegou a carta esperada. Dizia:

!

e a correspondência acabou. De modo que se me perguntassem

– Gostas da Praia das Maçãs?

estava capaz de responder assim:

!

Só que desconheço o som que corresponde a um ponto de exclamação. Qual será?

078902630RH+

E de súbito isto regressa como um vómito, o mesmo enjoo, o mesmo mal estar, o mesmo nojo. O prisioneiro sem pernas que se amarrava ao guarda-lamas do rebenta-minas e gritava o tempo todo. O quartel da Pide com os prisioneiros lá dentro, e a mulher do inspector que lhes dava choques eléctricos nos tomates. O alferes que durante um ataque saiu da caserna com um colchão sobre a cabeça, a borrar-se literalmente de medo. O primeiro morto, um condutor a que chamávamos Macaco. A gente a escolher os nossos próprios caixões na arrecadação: continuo a lembrar-me do meu. Pregava-se a medalha que trazíamos ao pescoço, com o número mecanográfico e o grupo sanguíneo

(a minha 078902630RH+)

na madeira. Os pelotões de regresso da mata, desfeitos de cansaço. O helicóptero

– Atenção mosca atenção mosca

dos feridos. A minha pergunta constante

– Porquê?

o ruído do milho, à noite, contra o arame. O apontador de metralhadora, ferido no pescoço, que continuava a disparar. Os nossos morteiros 70 contra os morteiros 120 do MPLA. O Melo Antunes a comunicar que tínhamos feito prisioneiros

(uns velhos, uma mulher grávida)

o Pide a dar um pontapé na barriga da mulher grávida, o Melo Antunes a apontar-lhe a pistola e a mandá-lo ir-se embora, o Pide a ameaçá-lo, o general furioso com o Melo Antunes. Como perdíamos muitas camionetas com as minas, a ordem

– As Mercedes são ouro, os homens que piquem

e com as picas as minas anti-pessoais a arrancarem as pernas aos soldados. Metia-lhes garrotes e iam acabar no Luso de embolias gordas. Isto regressa como um vómito e tenho de falar nisto. E vocês têm de ouvir, porque eu continuo a ouvir. Em nome do Pereira, do Carpinteiro, dos outros que perdemos. Vocês têm de ouvir. Mesmo que eu escreva isto mal porque estou a escrever com o sangue dos meus mortos. Não posso esquecer. Não consigo esquecer. Eu, o 078902630RH+, não consigo esquecer. Porque no dia em que esquecer mereço que alguém pregue a minha medalha no primeiro caixão. Escrevo mal porque estou a escrever com o dedo na terra. Não é uma crónica, não é já um vómito, são lugares-comuns se calhar mas não importa. Eu estive lá. Eu vi. Não pretendo fazer arte, alinhar coisas bonitas. Não sou escritor agora: sou um oficial do exército português. Não terei sido um criminoso por haver participado nisto? Não foi por cobardia que participei nisto? O Melo Antunes

– Às vezes apetecia-me morrer

e não teremos, de facto, morrido disto, Ernesto? Porquê? O Melo Antunes

– Cada vez mais isto me parece um erro formidável

e a mim não me parecia nada, apenas queria durar. Comíamos merda, bebíamos a água porca dos filtros. Eu comi. Eu bebi. Depois de um ataque encontrei um boné do MPLA naquilo a que chamávamos com pompa a pista de aviação. Um boné do MPLA com um emblema de metal. Preguei-o no meu camuflado. O atirador loiro

(quase nem se via o buraco da bala na cabeça)

que mandei deitar na enfermaria

(o barraco a que chamávamos enfermaria)

e não quis que o tirassem do chão. Fica aqui. Não sou capaz de reler isto. Há alturas em que esqueço, quase esqueço. Quase esqueço porque não esqueço nunca. Combates ouvidos pelo rádio, a poucos quilómetros de nós. Uma emboscada e a pedirem ajuda. O Lourenço, maqueiro, com as próprias tripas nas mãos. A filha que me nasceu durante este horror, a minha filha. Talvez coisas assim não fiquem bem num jornal. Um dia, na sanzala, meti-me na cubata de uma mulher. Deitei-me ao lado dela sem lhe tocar, furioso comigo, com uma criança que dormia para ali de mistura com galinhas raquíticas. Digo isto e parece que a caneta entra pelo papel dentro. Lançavam-nos a comida do avião e andávamos a disputá-la aos cães. A tal merda que comíamos. Batalhão 3835, divisa Força & Audácia. O sorteio de quem iria conduzir o rebenta-minas. Um deles despediu-se de mim porque achava que nos não voltávamos a ver. As caixas de cartão castanho das rações de combate. Ninda. Chiúme. Cessa. Mussuma. Éramos tão miseráveis, tão desprotegidos, sentíamo-nos tão sós que quase se tinha inveja dos amputados. O coração a bater muito depressa e a paz de quando começavam os tiros. A carta da minha mãe a anunciar o nascimento da minha filha: não sei de ti há um mês e meio. Dito assim parece idiota, de mau gosto, mas tive sangue dos meus camaradas nas mãos, nos braços, na camisa. Sangue. Sanguezinho. Não é bem encarnado, é mais escuro. Não conheci nenhum herói. Conheci pobres homens, nem sequer homens

(julgávamo-nos homens)

garotos. A literatura que se foda

(desculpem)

a escrita que se foda

redesculpem. Agora, prometo, vou lavar as mãos e torno a escrever coisas como deve ser. Mas por favor compreendam: de súbito isto

regressa como um vómito. E tenho nojo de ser gente. No interior de mim não passo de um prisioneiro sem pernas, amarrado ao guarda-
-lamas do rebenta-minas, gritando. Se eu saltar com o rebenta-minas que fique, ao menos, o eco do meu grito. Completem esta crónica, vocês, os que cá ficam. 078902630RH+. Filha.

ANTONINHO CRAVO ROXO

Nunca ninguém me chamou assim a não ser ela. Dizia
– Antoninho cravo roxo
dizia
– Quem me dera a sua idade
e no entanto casou com outro. Também mais novo do que ela,
um ano ou dois mais novo do que ela. Não percebo porque o preferiu
a mim, que tinha menos vinte e um anos, estava a acabar a instrução
primária, considerava-me um alho no hóquei e ainda por cima era da
família. O problema não consistia em eu querer casar com ela: consistia em não querer que ela casasse com ninguém, ficasse sempre ali, em
casa dos meus avós a dar lições de piano. Comprou a minha aceitação
com a promessa de que seria padrinho de um dos seus filhos. Os pa-
drinhos eram, para mim, pessoas importantes, e ser promovido, aos
oito anos, a pessoa importante, amoleceu-me as resistências. Prome-
teu-me também que me ensinava a dançar. Em contrapartida tive de
aceitar aprender piano. Mas os meus dedos eram chouriços e não passei da Nini Bebé e dos Martelinhos.

A irmã mais velha dela, a minha tia Madalena, resolveu tomar o problema dos chouriços na mão e mudei de professora. Eu ao piano, ela ao lado cheia de paciência. À segunda nota ouvi-a lamentar-se

– Ai filho

como se a houvessem trespassado com um ferro em brasa. Pensei que lhe ia dar uma coisa. Ainda pálida, ainda mal recomposta, insistiu

– Vamos voltar ao princípio

os chouriços atacaram as teclas

(sentava-me não no tamborete, em cima de dois calhamaços de música poisados sobre o tamborete)

o

– Ai filho

regressou num grito de agonia, a tia Madalena sugeriu, ao convalescer

– É possível que não tenhas muito jeito

e vi-me livre da música. Aliás o que não faltava à roda da família eram pianistas de todos os sexos e idades. Espantava-me que tocassem de olhos fechados, a abanarem a cabeça em êxtase e, ao acabarem, regressassem devagar de regiões celestes, de mãozinhas suspensas, pestanejando felicidades demoradas, de volta a um mundo de sopa de espinafres, gavetas empenadas e autocarros à cunha que a ausência de Chopin tornava inabitável. Durante as peças alguns saltavam no tamborete

(não precisavam dos calhamaços de música)

outros erguiam ao tecto as rolinhas etéreas dos pulsos. Eu, que jogava a avançado nos patins considerava aquilo tudo uma mariquice pegada. Aliás os cabelos compridos dos compositores e os seus olhos de geleia no ponto confirmavam as minhas suspeitas, tirando o caso de Beethoven, tão feio e tão pouco espiritual de cara como o jardineiro do meu avô que se chamava Marciano. Durante algum tempo pensei que Beethoven partilhava com o Marciano os favores da cozinheira e alternavam, à tarde, na rega do jardim. O ar feroz de Beethoven mantinha-me à distância, no receio de que me ordenasse

– Andor

como fazia o Marciano se o achava na despensa, de olhos abertos e sem cabeça em êxtase, a perder as mãozinhas em saliências de avental de que me chegava um relento denso de almôndegas. E havia Bach, parecido com a estátua do Marquês de Pombal nos caracóis postiços e nos duplos queixos, a fitar-me um pouco de lado numa severidade de estadista. Sem a cabeleira poderia ser treinador de hóquei e se calhar chamava um figo à cozinheira dos vizinhos. Estas duas criaturas boçais produziam música que na minha opinião não passava de uma série de chinfrins ao alcance dos chouriços dos meus dedos. A que me chamava Antoninho cravo roxo insinuou que Beethoven e Bach eram difíceis, opinião idiota já que me bastava, com a experiência do stick, bater com força no piano com a mesma energia com que sovava o Manuel Luís, que era gordo e medroso. De modo que empilhei os calhamaços no tamborete, equilibrei-me lá em cima, amandei uns socos ao instrumento, a minha tia Madalena principiou a recuar na cadeira suplicando

– Pára

e a que me chamava Antoninho cravo roxo deu a entender, com cautela, que havia a possibilidade

(remota!)

de Bach e Beethoven não serem, talvez, inteiramente assim. Produziam, lá do ponto de vista dela, uma arte exigente e complexa, a mesma exigência e complexidade

(extrapolei eu)

que a máquina de cortar relva exigia. E pela primeira vez na vida admirei os labirintos intelectuais do Marciano e compreendi que o

– Andor

dele revelava o poder de síntese dos espíritos superiores. Em casa dos meus avós, de tempos a tempos, havia uma espécie de recitais, com filas de cadeiras a seguir ao piano. Lá vinham os olhos fechados, lá vinham as tremuras de cabeça, os pulos no tamborete e, sobretudo, lá vinham criaturas extravagantes que produziam músicas chatíssimas. No meu ponto de vista as pessoas aplaudiam de alívio e eu ali sentado a torcer-me de aborrecimento, com um dos pés dormente. Às vezes uma senhora, postada junto ao artista, voltava as páginas da pauta e eu verificava, desesperado, que faltavam muitíssimas. (Ainda hoje me acontece, nos discursos, tentar imaginar-lhes o tamanho, calculando o fim do meu tormento auditivo.) Mas toda a gente, pelo menos, cheirava bem

(a mistura de perfumes entontecia-me de sono)

a que me chamava Antoninho cravo roxo perguntava

– O menino gostou?

respondia-lhe com um trejeito de boca que por não significar nada não me comprometia e ela, numa tranquilidade profética, anunciava misteriosamente

– Um dia há-de gostar

enquanto as criaturas ainda há pouco em êxtase rapavam os bolos de ovos em menos de um fósforo, num súbito apetite que não ia bem com os arroubos divinos. Uma amiga dela, uma escanzelada íntima de Schubert, preocupava-se

– O miúdo aprecia?

com o último bolo de ovos nos dedinhos sublimes, o bolo, para mal dos meus pecados, sumia-se-lhe na goela escancarada, a que me chamava Antoninho cravo roxo respondia com convicção

– O miúdo é muito sensível

e eu furioso porque sensíveis são os homens efeminados e as solteironas que não são mais nada. Se por acaso alguém

– A Elisa é muito sensível

era certo e sabido que a Elisa tinha pêlos no queixo. Eu não era sensível: era, segundo o professor de Português do liceu, uma besta. Lia as minhas redacções, fixava-me em silêncio um minuto, atirava lá do alto, lá do fundo, para o respeito da turma

– O número cinco é uma besta

e batia com a régua na secretária a sublinhar cada palavra

– Escrever é sujeito, predicado, complemento directo, ponto final e acabou-se, sua besta, anda a gozar comigo?

Mostrava as redacções, com a classificação de Muito Medíocre, a encarnado grande, à que me chamava Antoninho cravo roxo, ela lia--as, relia-as, seguia-se um silêncio igual ao do professor de Português, em lugar do

– Sua besta

vinha uma frase a medo

– Eu acho que o menino ainda acaba escritor

e eu, um futuro rei do hóquei, a olhar para ela indignado. Estou a fazer esta crónica um ano depois da sua morte, tia. Na mesa onde vou penando com os romances tenho o seu retrato: está a fumar, numa esplanada, sem olhar para ninguém. O menino acabou escritor mas espero, sinceramente, que continue uma besta: será a única maneira de ter Bach, Beethoven e o Marciano do meu lado. E poiso a esferográfica, olho os meus dedos e alegra-me que sejam chouriços. A propósito de chouriços não quer ouvir esta Nini Bebé que eu terminei agora em que falo de si?

UMA CURVA DE RIO A SORRIR PARA OS POMBOS

Como moro num rés-do-chão abro a janela e vejo os pombos. Há meses que não faço quase nada senão abrir a janela e ver os pombos. A rua acaba num muro ao lado da nossa casa, umas escadinhas, num ângulo do muro, levam a um pátio de casitas baixas, as pessoas que aqui vivem são quase todas velhas e conhecem-nos desde sempre conforme conheceram os meus pais e os meus sogros, isto parece um bairro trazido da província e colocado, sei lá porquê, no meio da cidade, até as fachadas, até as lojas, e o que mais temos são gatos vadios que fazem ninho no pátio e, claro, os pombos e eu na janela a vê-los. Há ocasiões em que me pergunto se são os pombos que vejo ou outra coisa além dos pombos, o meu marido, o meu filho, o meu pai no passeio da leitaria, com os sócios do totoloto, a discutirem o lugar das cruzinhas. Há ocasiões em que me pergunto se são os pombos que vejo ou outra coisa além dos pombos: a minha vida por exemplo. A fotografia do casamento no quarto. A cama com esferas de cerâmica na cabeceira de metal amarelo. Esferas de cerâmica com a mesma paisagem pintada, um açude, um rio. Durmo com mais de vinte açudes e vinte rios junto às sobrancelhas. O tempo

(acho que o tempo)

foi lascando alguns deles e empalideceu os açudes mas continuam a sobrar-me rios que cheguem. Às vezes, com a chuva, estremecem contra o metal. Desde há séculos que apenas a chuva faz vibrar os rios. Aos domingos, quando a gente se levanta mais tarde, entretenho-me a girá-los com o indicador, ou a fazê-los deslizar ao comprido dos tubos de metal amarelo. Falta um botão no casaco do pijama do meu marido: um dia destes dou por ele no intervalo das almofadas do sofá onde costumo encontrar tampas de esferográfica, moedas, um lenço de papel, coisas do género. Nada de importante. Pode ser que descubra um pombo em lugar do botão do pijama e o coloque lá fora, com os outros, nesse aspecto atarefado e competente deles. À noite dormem nas saliências das varandas dos últimos andares e tornam-se esferas de cerâmica também, só que não consigo girá-los com o indicador, girar as paisagens pintadas na barriga, um açude, um rio. O peito do meu marido sobe e desce no intervalo sem botão do pijama: parece-me que uma paisagem pintada igualmente nas costelas

(o açude, o rio)

aproximo-me a verificar melhor e enganei-me, a pele que respira, uns pêlos, uns sinais, nada. Nada, não: um resto de água de colónia a desvanecer-se tal como o açude e o rio se desvanecem. Ficam os pombos de modo que mais logo, ainda antes do almoço, abro a janela e vejo-os, circulando entre os automóveis estacionados, alguns com capas de pano à espera do domingo. Derivado à rua acabar num muro, domingo é das raras coisas que chegam. Ou seja, domingo são os automóveis a irem-se embora de manhã e a voltarem à hora do jantar. Os pombos, esses, permanecem, como tu permaneces de pijama sem botão e eu de costas para ti a somar silêncios. Tenho uma colecção enorme de silêncios. O que aconteceria se fosse capaz de gritar? Não sou pessoa de gritos, graças a Deus que não sou pessoa de gritos. Se me apetece gritar rodo uma esfera de cerâmica. Pode ser que uma ocasião destas o açude grite por mim, não um grito grande, é lógico, um soprozinho desbotado. Quem o ouvirá? A minha mãe

– O que foi isto filha?

e eu, a fingir que não dei conta

– Nada senhora, sossegue

a tapar o rio com a mão aberta, sem me dar conta que na fotografia do casamento a noiva principia a abrir a boca e tenho medo que ninguém seja capaz de calá-la. Não faz mal: até à hora de jantar não estão criaturas na rua a não ser os pombos, coitados, que se assustarão comigo. Não faz mal também: com uns bocados de miolo de pão acabam por voltar, esquecidos. Como a minha mãe costuma dizer as coisas arranjam-se sempre, e a noiva há-de fechar a boca na moldura. Lá está ela a sorrir. Sem ruído nenhum. Como eu. Para os pombos. Eu, de costas para vocês todos, tão calma, a sorrir para os pombos. A sorrir para os pombos. Palavra de honra que a sorrir para os pombos. Muda, de lábios apertados, a sorrir para os pombos.

VOCÊ

Nunca falámos muito

(acho que nunca falámos nada)

e não sinto necessidade de começar agora. O que lhe poderia dizer? Existem séculos e séculos de silêncio entre nós e, debaixo dos séculos de silêncio, ocultas lá no fundo, se calhar esquecidas, se calhar presentes, se calhar apagadas, se calhar vivas e a doerem-me, coisas que prefiro não transformar em palavras, coisas anteriores às palavras, dúvidas, esperanças, perguntas, a curiosidade, por exemplo, de saber o que sentiu quando eu estava em coma com a meningite, você me fez uma punção lombar e andou a procurar os micróbios no microscópio. O meu filho morre? Não morre? Foi isso que sentiu? A angústia? O medo? E depois, na altura em que os bacilos da tuberculose me vieram aos pulmões? Disso lembro-me bem, da minha impaciência, da minha zanga com o mundo, de me trazerem presentes e eu os jogar no chão. Nunca falámos muito

(acho que nunca falámos nada)

dou por mim agora a olhar a sua cara devastada, os olhos fechados, os dedos que não cessam de mover-se, o seu frio constante e fico calado a vê-lo. Você abre os olhos

(continua a surpreender-me que sejam azuis)

alcança-me para ali sentado, no quarto que foi o meu e de onde agora você quase não sai, interroga-me

– Tens escrito?

não respondo

(o que lhe importa isso?)

o azul dissolve-se em mais uns minutos de sonolência, torna a abrir os olhos e então sim, conversamos um bocado. De Schubert. Dos Impromptus. Na janela a figueira.

Sonolência de novo. O azul regressa: Sá de Miranda em lugar de Schubert, um soneto que, aliás, você cita de maneira errada. Mas o verso a seguir está correcto:

incertos muito mais que ao vento as naves

e os dedos em paz. Terá adormecido? Não, porque me informa

– Tenho uma data de anos

e tem: a boca descai-lhe, os músculos desapareceram, faz-me lembrar uma raiz seca lavrada de ossos. Por onde andará o sangue, que só lhe vejo dentes e ossos?

– Tenho uma data de anos

e é isso que você tem de facto, anos, dentes e ossos. Imensos anos. Chega-lhe à ideia a Floresta Negra, o Professor Vogt:

– Queria que eu ficasse lá a trabalhar com ele

o Professor Vogt e a sua colecção de cérebros cortados às fatias:

– Há vinte e quatro anos que não faço clínica

e concordo que uma data de anos. A infância em Tânger, o meu avô. Murmura

– O meu pai

e ao articular

– O meu pai

espanto-me como em criança me espantava que o meu pai tratasse outra pessoa por pai. Pai era você. O meu avô era avô. E, dentro de mim, eu exigia as coisas assim simples, claras. Na janela a figueira.

Havia duas mas a outra, a mais antiga, morreu. Sobrou esta. Sobramos nós dois no que foi o meu quarto, com a fotografia enorme de Charlie Parker na parede. Então penso que você pode ter todos os defeitos do mundo mas era de certeza o único pai que pregou no quarto de um filho adolescente o retrato de Charlie Parker. A expressão de Charlie Parker lembra-me a frase de uma carta de Van Gogh ao irmão: sofremos por conta de uma porção de malandros e safados.

Escrever como Charlie Parker tocava, à custa do mesmo sofrimento, a fim de oferecer prazer e alegria aos que lêem. O que é que a puta desta figueira espera para dar folhas, flores? Schubert. Sá de Miranda. Os dedos parados. Então levanto-me e saio do quarto. A minha mãe

– O que achaste do pai?

e ao descer as escadas para a rua dou-me conta de que afinal não existe nada debaixo dos tais anos de silêncio. Quero dizer, quase nada: existe um filho cheio de coisas que prefere não transformar em palavras enquanto, muito ao longe, um saxofone principia a tocar.

O RELÓGIO

Na mesa de escrever o relógio do meu bisavô. É uma ferradura vertical, de metal doirado, sobre um rectângulo de mármore. No topo da ferradura uma cabeça de cavalo. O freio do cavalo forma um ângulo, em anzol para diante, que segura o relógio esférico, de metal doirado também, com um vidro convexo. O meu bisavô era médico e o relógio ter-lhe-á sido dado por um doente agradecido. Até à sua morte o meu avô, seu genro, teve-o sempre na secretária dele. Agora está aqui comigo, à minha frente, dando horas com mais de um século. Do meu bisavô conheço retratos, meia dúzia de episódios, alguns artigos científicos. Doente de cancro suicidou-se com um tiro na cabeça em mil novecentos e dezoito. Andava pelos cinquenta e cinco anos, chamava-se Alfredo dos Santos Figueiredo, e o meu pai conta que se lembra de lhe pegarem ao colo para que beijasse o cadáver no caixão. O meu bisavô parou. Os ponteiros do relógio não pararam nunca. Depois o meu avô parou. Os ponteiros do relógio não pararam nunca. Há-de chegar o momento em que eu pare. Os ponteiros do relógio continuarão a mover-se. No freio em anzol uma chave dupla: a ponta mais grossa dá corda ao mecanismo, a mais estreita acerta os ponteiros.

Onze e seis neste momento. De um dia meu? De um dia do meu bisavô? Que marcariam os ponteiros ao encostar as pistolas às têmporas,
dado que se matou com uma arma em cada mão? Parece que foi ao
fim da tarde. Ou ao fim da manhã? Sou neto da sua única filha e dizem que me pareço fisicamente com ele. Qual de nós escreve isto? Ia
de carruagem visitar os pacientes, dava consultas na farmácia que à
época se grafava Pharmacia. Cinquenta e cinco anos: praticamente a
minha idade agora. Como lhe chamaria se viesse aqui? Senhor doutor?
Bisavô? Nada? Se, por exemplo, a sua palma no meu ombro a perguntar-me

– Tu quem és?

responder

– O seu bisneto

responder

– O neto da sua filha Eva

ou ficar calado a olhar a sua cara séria, triste, a cara dos retratos em
que nunca sorri? Olho o relógio que deve ter olhado muitas vezes,
penso nas suas feições atribuladas e graves. Nem os braços lhe conheço: para baixo do início do peito a fotografia acaba e ele não existe.
Nenhum de nós se calhar existe mas existe o relógio. Onze e dezoito
da noite e os meus dedos na ferradura, no cavalo. Onde param os dele? Perguntas e perguntas, a janela aberta e as árvores iluminadas pelos
candeeiros em baixo. O sossego dos ramos, o mistério dos ramos, folhas que brilham. Estou sozinho aqui, nesta mesa muito alta, com um
banco muito alto, em que posso escrever de pé. Gosto de escrever de
pé. O neto que obrigaram a beijá-lo e conserva desse episódio uma
impressão horrorizada é um homem velho agora, a quem a saúde se
está a acabar. Dá ideia de ir ficando deserto por dentro, no interior das
feições devastadas. O relógio onze e vinte e seis, intacto. A esfera de
metal doirado balança a uma leve pressão do mindinho. Anda uma espécie de angústia nesta crónica, um aperto no coração do coração. Por
qual de nós? As folhas brilham mais neste momento. A esferográfica

hesita, continua. As frases juntam-se sozinhas, não precisam de mim. Tantas coisas que não sei. Gostava de o ter conhecido, gostava de ter gostado de si. Chamo-me António como o seu genro, faço livros, existem ocasiões em que me sinto aflitíssimo. Vou aprendendo a disfarçar. Sou capaz? Não sou capaz? Hoje temos a mesma idade, senhor. Quem ficar um dia com o relógio pensará na gente? De que nos servirá no caso de pensar na gente? À falta de melhor espero que o relógio seja eterno. Engraçado sentir-me assim comovido. Em nome de quê? Duas pistolas. Só a do lado esquerdo disparou. A carta em que pedia desculpa por matar-se pingada do seu sangue, a caligrafia que se ia tornando incompreensível, rabiscos para o fim. Seus? Meus? Estou em Benfica onde você se suicidou. Outra Benfica. O que, da sua, me resta na memória, dói-me. Então vem-me à ideia o sorriso da minha tia Bia e sorrio também. Por amor dela. E um pouco, por estranho que pareça, por amor de si. Onze e quarenta e quatro. Por amor de nós. Como o sangue que não ficou na carta segue nas minhas veias, de certeza que por amor de nós.

A CONFISSÃO DO TRAPEIRO

Talvez as pessoas mais próximas de mim, com quem mais me assemelho, sejam as que encontro, à noite, a vasculharem os contentores de lixo. Julgo que não tenho feito outra coisa toda a vida, ou seja meter o nariz

(engraçada esta expressão, meter o nariz)

no que deitam fora, no que abandonam, no que não lhes interessa, e regressar daí com toda a espécie de despojos, restos, fragmentos, emoções truncadas, sombras baças, inutilidades minúsculas, eu às voltas com isso, virando, revirando, guardando

(um caco de gargalo entre duas pedras do passeio, por exemplo)

descobrindo brilhos, cintilações, serventias. Quase sempre os meus romances são feitos de materiais assim, palavras assim, sentimentos assim, que a cabeça e a mão trabalham e trabalham numa paciência de ourives. Se olho para dentro encontro um armazém anárquico de expressões desbotadas, caixinhas de substantivos, arames de verbos para ligar tudo, uma espécie de cesto de costura

(de cestos de costura)

como os das minhas avós, em que se acumulavam botões quebrados, linhas, metades de tesouras, as pobres ferramentas de que necessito para construir o mundo. A sua racionalidade truncada é, afinal, a aparente racionalidade truncada da existência, a resposta às nossas acções desconexas, a procura de uma verdade tão difícil de distinguir da paixão da mentira, a amarga treva interior indispensável à luz, minados que estamos por uma espécie de isolamento essencial. Aprendi muito cedo que a vitória se ganha à custa de sucessivas derrotas, entendendo-se por derrota a aridez da ambição sem audácia. Claro que o preço disto é elevado, mas talvez mereça a pena emergir das cidades sepulcrais interiores em que nos confinamos, ainda que o desafiar da trivialidade gere, inevitavelmente, uma incompreensão profunda. Sou muito claro a respeito do que julgo ser a arte de escrever um romance: não existe um sentido exclusivo e este não tende

(tal como nós)

para uma conclusão definida. A única forma de o ler consiste em trocar a obsessão da análise por uma compreensão dupla, se assim me posso exprimir: acharmo-nos, ao mesmo tempo, no interior e por fora da intensidade inicial, ou seja do conflito entre o quotidiano e o esmagamento cósmico, atemorizados pelo horror e a alegria primitivas, vagando sem cálculo nem sentido, pelo ermo dos dias. Daí a minha busca nos contentores do lixo: chega-se ao meio dia da alma buscando-a entre restos de comida, espinhas, dejectos, lâmpadas fundidas, remendos coloridos: ao vestirmo-nos deles somos, por fim, o que de facto não deixámos de ser: mulheres e homens que podem caminhar agora em ruas diferentes por conhecerem, de modo inapelável, a voz da sua alma, e detestarem as restrições da falsidade. Escrever não bem romances: visões, morar nelas como num sonho cuja textura é a nossa própria carne, cujos olhos, tal os olhos dos cegos, entendem o movimento, os cheiros, os ruídos, a subterrânea essência do silêncio. Tudo é absurdo e grotesco menos a revolução implacável que conduz ao puro osso da terra, e tudo isto se acha, a cada passo, no que deitamos fora, no que abandonamos, no que não nos interessa. É por medo que deitamos fora, que abandonamos, que não nos interessa: medo das certezas que a pouco e pouco se desarticulam, do monte de pedras, desprovido de nexo, reunidas no limbo em que cuidamos não morar, dado que nos falta a esperança que não se extingue nem nas lâmpadas fundidas e a certeza de um sorriso, em qualquer ponto, à espera. Aquele que esteve sempre dentro de nós, sob a forma de uma carta que supúnhamos perdida ou de um nome incandescente de mulher, único anteparo possível contra a orfandade da tristeza, a crueldade sem coragem, a inveja, o visco rastejante da depressão, os ademanes grotescos das pobres marionetas sôfregas que somos, frívolos, torpes, tão banais. Com restos de comida, espinhas, dejectos, remendos coloridos, podemos recuperar, espero, a dignidade. De pé e com a cara limpa, enquanto os rios que temos se vão confundindo com a sorte, aquela de onde talvez se possa renascer. Peço perdão de não explicar isto de outro modo: é que não possuo nenhuma escola literária por mais parentes que me inventem, e pode ser que padeça da teimosia de quem, peça a peça, se ergueu a si mesmo: em consequência disso vejo--me obrigado a lutar com a língua, o penar da composição sofrida, a imensa gama de significados obscuros que se sobrepõem e entrelaçam. Deixo-vos os meus livros à porta como os leiteiros de eu pequeno as suas garrafas brancas. Estão aí. No caso de os não recolherem do capacho continuarão aí, visto que não toco a campainha, e ao abrirem a porta já eu desci as escadas. Para onde? Agrada-me imaginar que ao vosso encontro: chegando à varanda é fácil dar por mim, parado quase à esquina, a remexer sedimentos e sedimentos

(restos, emoções truncadas, sombras baças)

até vos tocar e me tocar no por dentro de nós, onde aflitamente moramos, no encantado lugar de horror e alegria que é a única parte da vida do homem consciente.

DE COMO MORRI ÀS TUAS MÃOS

Começando pelo princípio, que é como se devem começar as coisas, a culpa não foi minha. Nem tua, posso concordar nesse ponto. Digamos que não foi culpa de ninguém: os problemas acontecem independentes de nós e é tudo, sem que a gente seja para ali chamados, sem que a gente tenha intervindo. Só tivemos o azar de estar perto. Daí o melhor é não pensarmos nisso, nem tu nem eu. É assim e pronto. Não voltemos ao assunto. Acabou-se. Fim de texto. Não quero discutir, não quero cenas. Quero um bocadinho de sossego, uns minutos de paz. Se me deres um bocadinho de sossego e uns minutos de paz garanto-te que já me vou embora. Tranquilo. Quase amigo. Qual quase? Amigo mesmo. Dou-te um beijo, deixo a chave na arca da entrada, não telefono, não escrevo, não insisto, não maço. Não te apareço no emprego. Não te mando flores, bilhetinhos patéticos. Evaporo-me. Dissolvo-me no ar. Nunca existi. Podes estar sossegada que não te faço esperas, não te espio, não interfiro na tua vida. Quando vier buscar o miúdo não subo, toco a campainha em baixo, fico no carro e tu recebes quem quiseres. Só não gostava de te ver na janela e, já agora, se fosse possível

(isso agradecia)

não gostava de ver um homem na janela contigo, com ar proprie-
tário, a tomar conta de ti, a ocupar o meu lugar no sofá. Um homem
melhor que eu, é claro, mais inteligente, mais sensível, que te dá o que
na tua cabeça

(só pode ser na tua cabeça)

achas que não te dou, terno, atencioso, educado. Um homem a
sério. Não infantil, não idiota como eu. Um cavalheiro. Um senhor.
Tudo o que se calhar achaste que eu era e enganaste-te. Uma rapariga
demasiado nova, como foste há vinte anos, engana-se. Depois cresce e
abre os olhos. Graças a Deus abriste-os. A tempo, acho eu. Tens trinta
e sete anos e mais uns quarenta pela frente para seres feliz. E eu vou fazer asneiras para outro lado, arranjar uma vítima imprevidente por aí,
continuar a minha carreira de monstro, de vampiro. Repara como os
caninos me crescem. As garras. O risinho satânico. A maldade. Não é?

Não te desculpes, não me desculpes, não insistas que exagero, dis-
torço tudo, sou injusto comigo e contigo. Não ponhas essa cara, não
jures que ainda gostas de mim. Como podes gostar? Que felicidade te
dei? Que alegrias? Algum instante de prazer? Não me desmintas, pela
tua saúde poupa-me essas lágrimas, essas cenas. Somos ambos adultos
não é verdade, pelo menos tu és adulta. Trinta e sete anos. E eu, o drácula, a criança, a estragar os brinquedos para ver como são por dentro,
a estragar-te a existência. Confessa que te estraguei a existência em vez
de me tocares. Não me toques. Agradeço-te que não me toques. Pára
com isso. Não me segures na mão. Larga-me. Não me abraces e larga-
-me, afasta a cara, não me beijes. É mais fácil se não me beijares, não
me prenderes o pescoço, não me enfiares a mão no cabelo. Assim parada, com essa cara de espanto, a abanares a cabeça, é como prefiro
ver-te. O quê? Que estou a procurar desculpas para te deixar? Que
imaginação mais tortuosa a tua, que asneira. Como te disse ao princípio os problemas acontecem independentes de nós e é tudo, sem que a
gente seja para ali chamados, sem que a gente tenha intervindo. Esse

jipe preto, por exemplo, acolá no passeio, esse braço com pulseiras a acenar. Para mim? Digamos que não foi culpa de ninguém. Como te disse só tiveste o azar de estar perto, de estares junto à varanda e teres dado com o jipe, com o braço. E o sorriso, pronto, não insistas com o sorriso. Queres que te empreste o meu lenço para secares a cara? Não o encontro nos bolsos mas há-de haver um no jipe, esses lenços de papel descartáveis, óptimos. Espera um bocadinho que vou lá abaixo buscar e já to trago. Podes ficar com o pacote inteiro desde que me ajudes a dobrar a roupa na mala. Não tenho jeito nenhum para dobrar a roupa, pois não? E por favor deixa a faca de cortar o pão em sossego. Para que queres tu uma faca de cortar o pão? Por que motivo olhas para mim dessa maneira? Talvez eu nem conheça as pulseiras do jipe. Não conheço. Juro-te que não conheço. Pensando melhor aceito o beijo, pensando melhor fico desde que poises a faca. Começando pelo princípio, que é como se devem começar as coisas, sempre gostei de ti. E o jipe

(o que me rala o jipe)

há-de acabar por fartar-se e ir embora. Em vez da faca do pão não preferes abraçar-me? Assim. Isso. Outra vez. Abraças lindamente, sabias? O único pormenor que me incomoda é a serrilha da lâmina. E lembra-te que não podes ver sangue. Não me apetece nem um bocadinho ter de apanhar-te, desmaiada, do chão. E depois as nódoas no tapete que é um castigo para saírem. Então um sangue como o meu, espesso, grosso, tenaz. A tua mãe não há-de perdoar-te a nódoa que vejo agora de tão perto, de nariz encostado a ela enquanto tu, de pé, longíssimo, aqueces água no fogão para esfregar a mancha.

UMA JARRA EM CONTRALUZ, COM UM GALHOZITO DE ACÁCIA

Estas casas velhas onde as tábuas do soalho estalam, as torneiras não vedam completamente, um friozinho

(mesmo no Verão)

nas frinchas das janelas, manchas de sol, diferentes das manchas de sol nas casas novas, nas paredes, no tecto, a ideia que vozes, muito antigas, chamando-nos, uma jarra, em contraluz, com um galhozito de acácia lá dentro, um perfil de rapariga no reposteiro da varanda, vestida como a minha avó nos retratos dela nova, eu a olhar tudo isto da entrada, rodeado de espectros. Espectros não de pessoas que conheci, de parentes do álbum de retratos, velhotes de suíças, militares fardados, a minha bisavó e as irmãs, lá em Belém do Pará, de imenso peito, anquinhas, cinturas inimaginavelmente estreitas, muito morenas, muito escuras, nem por isso bonitas, a minha bisavó com quem o meu avô se parecia tanto, com quem não me pareço nada, para falar verdade pareço-me, sei lá, talvez com o avô do meu pai, nasci assim, casual combinação de moléculas a que chamam António, nasci assim, meio surpreendido, numa família que me toma por seu e engana-se, quantas vezes penso que não sou daqui, oiço o que não há, vivo noutro sítio entre aparições, onde as vozes deste lado me chegam confusas, remotas, numa língua que não é bem a minha e acompanhadas de sorrisos, palmadinhas, soslaios curiosos

– Nunca cá estás, pois não?

eu

– O que quererá dizer nunca cá estás?

a entender, a resolver a questão com um gesto que, à força de não significar nada, vai servindo para tudo, defendo-me como posso

– Às vezes distraio-me

e não é verdade, não me distraio, deixo o corpo com vocês e ando por aí, o meu corpo finge que ouve, que se preocupa, que conversa, e eu livre, a olhar as pessoas, a passear, a dar uma corridinha a fim de reentrar no corpo no momento das despedidas, chego a afirmar

– Foi um prazer

e prazer algum, nem prazer nem desprazer, não dei por nada, andei por aí ao acaso, é a maneira de olhar de certas mulheres que ainda me prende aqui, certas gargalhadas curtas, a textura de certas peles, o desejo que certas expressões

(nem sei explicar bem quais)

me provoca. A palavra génio, tão pomposa agora, utilizava-a Stendhal para descrever o modo como certas senhoras subiam para as carruagens. Gostava de ter vivido nessa época de cocheiros e bicos de gás, quando a noite era noite em lugar deste rodopio de ansiosos nos bares, se jogava ao loto, se cantava ao piano, e o sexo não passava de uma espécie de bailado inocentemente perverso, um pouco idiota e pindérico. Continua a ser tudo isso: se calhar o que me faz falta é apenas o loto e a ariazinha ao piano, um terceiro andar, sem elevador, nos Anjos, cónegos, poetas fatais, duelos, doces de ovos, o universo em que, julgo eu, as tias do Brasil viviam, desejando o quê, senhores, imaginando o quê, sonhando o quê? Não deviam desejar, nem imaginar, nem sonhar grande coisa, coitadas. Não eram especialmente sensíveis nem inteligentes, pertenciam a uma burguesia mais ou menos endinheirada, iam perdendo o peito e as anquinhas, engrossando a cintura, ganhando bigode, e julgo que ainda encontrei uma ou duas, muito idosas, oferecendo-me biscoitos em saletas sombrias. Dos pianos recordo-me, mas fechados, sem árias. De cozinheiras tão decrépitas como as patroas. De velhotes de suíças, de militares fardados. E depois não me recordo de mais nada porque nunca estou cá

(– Nunca cá estás, pois não?)

passeio pela China, pela Alemanha, pelo Rio da Prata, ando por aí a voar ou a tropeçar nas coisas, divago. Tenho um livro dentro de mim e conversamos os dois. Em acabando o livro, aterro. Não tenho vontade nenhuma de aterrar.

Estas torneiras que não vedam, este friozinho nas frinchas das janelas. Em agosto andei por Nelas, procurando vagamente uma casa antiga que quisessem vender. Não encontrei nada. Um chalé junto à casa que foi nossa, mas tão feio, tão caro: sempre me estarreceram as coisas feias e caras, ao passo que as coisas feias e baratas me enternecem. Com as pessoas o que me parece é que Deus deve gostar imenso dos patetas porque não se cansa de fazê-los. Bem os oiço, quando saio, nos restaurantes, nas lojas, e lá vêm os sorrisos, as palmadinhas, os soslaios curiosos

– Nunca cá estás, pois não?

e eu, logo

– Estou, estou

à medida que uma senhora de Stendhal vai subindo, com génio, para a carruagem, à medida que se senta lá em cima, de chapéu, sem olhar-me, e eu, cá em baixo, a adorá-la. A minha bisavó andaria de carruagem? Vinha todos os anos com o marido, lá de Belém do Pará até Vichy, a águas. Santa vida. De forma que se me vierem com a perguntinha

– Nunca cá estás, pois não?

e sorrisos, e palmadinhas, e soslaios, acho que não respondo. Para quê? Responder o quê a quem? Se

– Nunca cá estás, pois não?

calo-me. Finjo que não oiço e calo-me. De resto não vão estranhar: pouco falo. Entro numa dessas casas velhas onde as tábuas do soalho estalam e aninho-me a um canto a assistir às manchas de sol nas paredes, no tecto. À jarra, em contraluz, com o galhozito de acácia. Ao perfil da rapariga no reposteiro da varanda. Talvez ela venha até mim

(há-de vir até mim)

me chame

– António

(há-de chamar-me

– António)

e a gente os dois a descer do terraço para o jardim da casa

(um terraço de azulejo com uns vasos de pedra)

e a corrermos lado a lado no jardim, ultrapassando buxos, canteiros, um lagozito, a estufa, uma estatueta qualquer, ultrapassando o portão, outros portões, outros muros, outros terraços ainda, a gente os dois, de mão dada, na direcção do mar.

DA MORTE E OUTRAS NINHARIAS

Aos sessenta anos a morte não terá de se cansar muito para me apanhar. Tal como os relógios daqueles que se foram embora continuam a pulsar sem eles, indiferentes, autónomos, deixarei os livros por aí, vivendo o tempo dos outros. Aliás nunca os senti meus enquanto os escrevi: vêm não sei de onde, não sei como, e apenas tenho que lhes dar todo o meu tempo e esvaziar a cabeça de tudo o resto para que cresçam por intermédio da mão no fim do meu braço: o braço pertence-me mas a mão, ao transcrevê-los, pertence ao romance, ao ponto de o seu empenho e a sua precisão quase me assustarem. Talvez seja preferível não dizer que os escrevi: limitei-me a traduzi-los e a mão traduz melhor que eu. Compete-me apenas o trabalho de correcção e mesmo nessa parte continua a ser a mão quem decide. Cada vez menos os romances que se publicam com o meu nome têm seja o que for de deliberadamente meu. Na minha ideia, e digo-o com convicção absoluta, limito-me a assistir. Chupam-me o sangue e o tempo e é apenas isso que me exigem. Deveriam editar-se sem autor na capa, porque desconheço quem o autor é. Desconfio que um anjo, porque se me meto neles a qualidade da prosa é bastante inferior. Não existe portanto nenhum motivo para vaidades que aliás não tenho e não sei se quando, em nome do tal anjo, recebo prémios ou aplausos, estarei a ser honesto: a maior parte das vezes acho-me um impostor, por ficar com aquilo que me não pertence. Então com o romance que se está acabando agora nada tenho a ver, o que me aborrece porque se trata, de longe, da melhor coisa que a minha mão direita fez, eu que sou canhoto. É verdade: ao começar a escrever, aos doze ou treze anos, e até aos vinte e tal, fazia-o sempre com a esquerda e ficava imensamente insatisfeito com os resultados. Em África um espírito qualquer segredou-me ao ouvido

– Experimenta a direita

experimentei a direita, que desenhava as letras com dificuldade numa caligrafia infantil e, surpresa minha, o que me saía da caneta era totalmente diferente. Para todos os outros actos, cartas, formulários, receitas, continuei a utilizar a esquerda, tão rápida, tão fluida. Guardo preciosamente a direita para os livros no receio que seja o que for que existe nela se gaste e acabe. Com estas crónicas varia: depende da disposição da mão e as da esquerda são bastante piores. Não vou dizer com qual delas estou a alinhar esta mas julgo ser fácil, para um leitor atento, adivinhar. É a primeira vez que falo nisto, porém, como me explicam que tenho sessenta anos, o que se me afigura impossível, vou-me permitindo algumas inconfidências: espero que a mão não se zangue comigo. Pode ser que o meu corpo haja durado sessenta anos: eu tenho dezoito ou menos

(estou seguro que menos)

e em muitas regiões da minha vida

(em quase todas)

permaneço um menino: espanto-me, admiro-me, não piso os riscos que separam as pedras, não perdi o dedo para o berlinde, fico horas a assistir ao sol a avançar na parede. Não me venham dizer que estou muito bem para a minha idade porque não tenho idade: falta-me cabelo é certo, o que sobra embranqueceu, vieram rugas, a elasticidade da pele modificou-se mas, caramba, ainda gosto da fruta verde de Nelas e na maior parte do tempo acredito que os bebés chegam de Paris num bico de cegonha, que são as melhores transportadoras de encomendas postais que conheço. Lá estão elas no telhado do correio antigo a baterem o bico. Devem ter feito uma entrega nas redondezas há pouco tempo. A palmeira do correio, as ervas do quintal que ninguém cortava. Fizeram prédios por cima e no entanto julgo que a palmeira permanece, a furar soalhos e tectos até ao terceiro ou quarto andar e que as pessoas do rés-do-chão se picam nos cardos ao irem do corredor à sala, entre um zumbido de vespas e gatos vadios que se arredondam, só unhas. Em que despensa terá ficado o ancinho do jardineiro, em que sala o balcão onde a senhora de óculos, com modos de terceiro violino, continua a vender selos? Não é injusto que eu tenha sessenta anos, é simplesmente mentira: tenho todas as minhas idades ao mesmo tempo, mais um pião na algibeira e dois cigarros que roubei à minha mãe. Daqui a nada fumo um, todo importante, e espero que as raparigas me admirem. Sessenta anos uma ova: para aí quinze senhores e, conforme no liceu decompunha os polinómios em monómios, em casa, às escondidas, decomponho a alma em sonetos, influenciados pelo almanaque dos meus avós. Preparava, cheio de convicção, uma obra poética tremenda, arrasadora, que queimei junto à figueira com a certeza vingativa de estar privando a Humanidade de qualquer coisa não apenas essencial: decisiva. A Humanidade, que me obrigava a voltar aos sábados antes das onze e meia da noite, não merecia outro castigo. Os meus pais nunca sonharam que por sua causa o mundo ficou privado de um tesouro arrebatador. Olhava-os à mesa e eles indiferentes, sem remorso. A sua insensibilidade gelava-me de surpresa. E comiam, e conversavam, os criminosos. Se houvesse justiça neste baixo mundo haveriam de levá-los a Nuremberga a julgamento e enforcá-los. O meu pai nem sequer coçava o pescoço a sentir a corda: limitava-se a achar a carne mal passada e a mandar quem entornasse água, levar o prato para a cozinha. Um nazi. Um cego. A minha mãe aquecia o café na tranquilidade sem dor dos psicopatas. Sessenta anos, o tanas: ainda agora a cegonha me trouxe, cegonha a quem o nazi e a psicopata deram uma trabalheira dos diabos com a porção de bebés que encomendaram: as do telhado do correio deviam ter o bico dormente. Pensando bem a morte ainda tem de comer muito pão para apanhar-me, eu que dou a volta ao jardim em menos de um minuto, contado no despertador do meu avô. Aposto que não é capaz de se pendurar do estribo do eléctrico como eu, sem pagar bilhete. Nem de assobiar com os mindinhos na boca. Nem de levantar só a sobrancelha esquerda. Aqui entre nós a morte não vale nada: se não acreditam em mim peçam-lhe que se pendure do estribo do eléctrico ou que assobie como a gente: quanto a estribos nem sonhar, quanto a assobios um soprozinho chocho. E então, a jogar à macaca, uma miséria autêntica. Ela sim, com sessenta anos, de manta nos joelhos, e eu na rua, a saltar ao eixo, pedindo a Deus que haja salsichas com couve lombarda para o jantar. E se a morte me designar com o dedinho

– Tu

levanto só a sobrancelha esquerda e largo uma argola de fumo tão bonita que ela não há-de ter outro remédio senão aplaudir.

DOIS E DOIS

Dois e dois serão quatro como dizia a minha professora? Serão vinte e dois como sustentava o barão de Rothschild? Ou o resultado de dois e dois depende da velocidade do vento como argumentava Queneau? Devo continuar na instrução primária

(ou seria bom que a repetisse)

porque não conheço a resposta. Cada vez mais a realidade

(como a aritmética)

se me afigura uma coisa instável, vacilante. Se me perguntarem o nome hesito: tenho sido tantos diferentes. Qual deles acorda a meio da noite? Qual escreve?

(ou quais escrevem)

Quantos, do que sou, fazem amor? Por que motivo me torno outro quando o tempo muda? Quantas cabeças pensam na minha cabeça? Há um António que quer viver, um António que não se importa, um António ainda que espreita a pistola na gaveta do roupeiro, embrulhada num pano, com a sua caixa de balas, numa curiosidade que me dá medo. E no entanto esse, o da pistola, parece-me, ao olhá-lo melhor, tão carregado de serenidade, de esperança. O que quer ele?

O que espera ele? Por quem espera ele? O telefonema de um amigo morto? Um sorriso que o obrigue a sorrir? O sinal da empregada do dentista a escolhê-lo, na sala de espera, entre meia dúzia de candidatos a vítimas, escondendo o seu pânico atrás de revistas a que falta a capa? Qual a resposta à pergunta do que serão dois e dois? A certeza veemente da professora confundia-me, as certezas veementes dos veementes confundem-me, consoante me confunde o senhor que à saída de um bailado de Stravinski, com cenários de Picasso, informava a mulher

— Se eu sonhasse que era tão parvo tinha trazido as crianças

consoante me confundem as árvores à noite, misteriosas, imensas. Em criança deitava-me na relva, no jardim dos meus avós, durante horas, a olhá-las. Gosto tanto de árvores, do cheiro, do som dos ramos que me revelam o segredo do mundo e eu sem conseguir entendê-lo apesar de

(parece-me)

tão evidente, tão próximo. Esta manhã, ao sair do médico, dúzias de pombos no chafariz, a casa dos meus pais a cinquenta metros, o sítio onde passei a minha infância todo ali. Reconheço alguns prédios, algumas lojas, a igreja, claro, a cervejaria: é tão raro voltar de manhã! E havia sol, tudo brilhava. De repente, sei lá porquê, apeteceu-me dizer

— Paizinho

Eu que nunca disse

— Paizinho

E é evidente que

— Paizinho

nenhum, Deus me livre de mariquices. Qual paizinho: roço-lhe a cara com um beijo e é um pau. Mas, já que chegámos aqui, veja lá se não morre. Não é que me custe muito: é pelas maçadas que dá. Sou assim frio, que é que quer? Frio, quase nada me toca. Diria que nada me toca, mesmo. Finjo. Se peço que não morra estou a fingir, qualquer idiota percebe. Ao sair do médico, cedo, às dez horas, já havia um bêbedo entre os pombos do chafariz, desses com charcos de água em vez de olhos. Um bêbedo de opereta. Quem se rala? Eu não, que vim do médico e tenho mais que fazer. Subo a rua dos meus velhotes, onde deixei o automóvel. A trepadeira dava sobre o muro, as duas janelas com bancos de pedra que nos serviam de balizas durante os jogos de futebol, o portão com um ananás de cada lado. Não morra. Ir-me embora o mais depressa possível. Em Sete Rios já tenho os olhos normais. Médicos: se a gente os deixar põem-nos no cemitério em menos de um fósforo. Comigo não têm sorte nenhuma, não lhes vou na conversa. Uma senhora tirava de um cartucho comida para os pombos do chafariz enquanto o bêbedo se ria, com os dentes a tremer. O relógio da igreja, pomposo, informa horas gordas, lentas. Deve ter o colesterol elevado. Ao calar-se tudo fica mais digno, numa gravidade de polícia. Lembro-me dos sinos a meio da missa, do seu timbre outonal mesmo em agosto. O bêbedo procura cigarros nos bolsos, encontra um, partido, luta com os fósforos. Não isqueiro: fósforos. Unhas de guitarrista, o malandro. Tornarei a encontrá-lo? Uma mulher loira, de meias pretas, põe-me de acordo com o mundo apesar de estar de costas para mim, à conversa com uma caixa de multibanco. A cara dela atravessa-me sem me ver e o mundo acinzenta-se. Caminha como um peixe se desloca, atravessando o ar numa elegância de lâmina prateada que me dói e exalta, enquanto uma criança ucraniana pesquisa tesouros nos contentores do lixo. Quantos são dois e dois, António, depressa. Se sonhasses que eras tão parvo tinhas trazido as crianças? A mulher loira desaparecera numa esquina e o teu presente estreita-se, o teu futuro reduz-se à dimensão angustiante da próxima consulta, na qual talvez o médico te diga que dois e dois, afinal, são zero mas que a esperança é a última a morrer

(curiosa afirmação)

e há probabilidades de dois e dois serem um com estes tratamentos novos e um pouco de sorte. E, confiado na sorte, fico a espreitar a caixa do multibanco vazia: com estes tratamentos novos pode ser que a mulher loira regresse.

VIRGINIA WOOLF, OS RELÓGIOS, CLAUDIO & BESSIE SMITH

Gosto de Virginia Woolf, não tanto pelos livros mas porque ouvia os passarinhos cantarem em grego, eles que normalmente, como toda a gente sabe, usam o egípcio quando em liberdade e o latim nos poleiros. Em que língua comunicam connosco os pássaros de vidro? E os de feltro, em gaiolas doiradas, da loja dos chineses ao pé do sítio onde escrevo? Os pombos cantam rodas dentadas de relógio avariado. O relógio de parede do meu avô não cantava: limitava-se a anunciar

– Sou gordo, sou gordo

a cada badalada pomposa. Acabava-se-lhe a corda

(dava-se corda com uma chave enorme, que se enfiava num buraco do mostrador entre o VI e o VII)

o anúncio ficava no ar, interrompido

– Sou gor

e ele composto, defunto, todo sério no seu caixão de vidro e mogno, a pedir de quando em quando ao meu avô

– Não me ressuscita senhor Lobo Antunes?

o meu avô distraído, o relógio a impacientar-se

– É para hoje ou quê?

O meu avô, que nunca tive a certeza se o entendia ou não

(não devia entender dado que

– O chato do relógio leva a vida a parar)

lá desenganchava a chave de um prego na parte de trás do mecanismo, abria a portinha do mostrador e o relógio, sem uma palavra de
gratidão, recomeçava

– do, sou gordo

num vagar episcopal. Em casa de qual das minhas tias terá dis-
sertado, acerca da própria barriga, depois? A quem informará agora
das suas banhas majestosas? Emagreceu? Comparados com ele os de
pulso, esqueléticos, desesperavam-se num frenesim cardíaco, miúdos,
aflitos. No fim do liceu

(não, no fim da faculdade)

deram-me um relógio de colete, inglês, antigo, suponho que filho
bastardo do relógio de parede, que o deve ter tido, à socapa, de um de
pulso qualquer, porque herdou coisas do pai e da mãe, os números por
exemplo

(ii, iii, iv, v)

claramente paternais, e o frenesim cardíaco, embora atenuado, da
mãe. Colocava-o naquele bolsinho da frente que as calças tinham dantes, embora me incomodassem as suas contracções de ventrículo a
comicharem-me no púbis, e imaginava o estetoscópio do médico a
procurar-me a válvula mitral nas partes. Consolava-me com os versos
de Maiakovski

comigo a anatomia enlouqueceu:

sou todo coração

enquanto coçava à socapa o ponteiro dos segundos que me raspa-
va a virilha. Provavelmente as primeiras namoradas tomavam por arroubos da carne o meio-dia e por sinal de desinteresse as seis e meia,
ou, se me despisse, acusar-me-iam, ferozes

– Afinal era um relógio, farsante

ao darem conta que o ventrículo me ficava nas calças e me sobejava apenas o ponteiro das horas que não cantava em grego, se limitava a procurá-las, teimoso, surdo, independente de mim, conforme as agulhas das bússolas encucadas no norte, sem poesia nem romance, mesmo diante das mães

(Agora telefonou o Claudio, meu editor espanhol, por causa de uma viagem à Colômbia, e interrompeu-me a crónica que estava a ir que era uma beleza. Raios te partam, malvado, criminoso, assassino. Vamos lá a ver se consigo retomar a cadência. Íamos onde?)

Íamos no relógio na virilha e ainda bem que era o de colete e não o de parede do meu avô, que me poria as vergonhas a darem horas, chamando a atenção das mães das namoradas, na sala ao lado

– O que é que vocês estão a fazer aí?

assarapantadas com os soluços e os estremecimentos prévios do mecanismo, a chegarem junto a nós no instante em que um derrame de badaladas testemunhava, em vibrações sucessivas, o cumprimento da função, comigo a tornar-me, vitorioso, exausto, um desses relógios moles do quadro de Dalí, pingando um resto de minutos na alcatifa.

(Se o Claudio não me tivesse cortado a inspiração com a sua voz de cantor de jazz negro, de óculos escuros, numa cave enfumarada, em que direcção teria ido a caneta? Volta ao princípio, desgraçado.)

Voltando ao princípio, que remédio, gosto de Virginia Woolf, não tanto pelos livros mas porque ouvia os passarinhos cantarem em grego. O facto é que me roubaram o relógio de colete, no consultório, à época em que acreditava em psicoterapias e o utilizava, no braço da cadeira, para medir o tempo das sessões.

(Meu Deus, a quantidade de tolices em que eu acreditei.)

Esqueci o relógio no braço da cadeira, de um dia para o outro, e evaporou-se. Não aborreci ninguém por não estar seguro se mo roubaram ou decidiu, apenas, ir-se embora, farto de andar às voltas lá em baixo. Se calhar foi-se simplesmente embora, ninguém lhe tocou, ninguém o impingiu numa loja de penhores qualquer, levou o seu ventrículo para longe de mim sem, não digo uma carta, mas um electrocardiograma de adeus. Deixei de ser um verso de Maiakovski, deixei de ser todo coração: tenho uma coisa aqui no peito, reles, comum, tac tac, e mais nada. Que rapariga se comoverá com ela? Que ponteiros disfarçarão a agulha da bússola?

(Tenta outra vez, acaba de maldizer o Claudio: gosto de Virginia Woolf, etc)

Gosto de Virginia Woolf não tanto pelos livros mas porque ouvia os passarinhos cantarem em grego. Não dá. Perdi a embalagem. Acabou-se por culpa do Claudio. A voz dele igual à daquele vocalista da orquestra de Count Basie de que me escapa agora o nome. Não sei quê Williams? Um de cara comprida e bigodinho, tenho o nome debaixo da língua, gaita. Não interessa. Joe Williams? Não estou certo. Muito bem vestido sempre, com grandes anéis lindíssimos. Até o nome do vocalista da orquestra de Count Basie o sacana do Claudio me roubou. Magro, alto, com poucos gestos, um swing desde as tripas. Count Basie mudava o rumo da orquestra com uma nota de piano, uma única nota de piano ora aqui, ora ali. Aquele sax tenor espantoso, que de vez em quanto voava por cima dos restantes instrumentos. A força da secção de ritmo. O contrabaixo senhores, a bateria. Virginia Woolf, tarará, tarará. Que se lixe. Agora sou um preto de óculos escuros, numa cave enfumarada, uma das minhas mãos sublinha a voz

(um gesto pequeno, discreto)

e vejo campos de algodão, brancos a cavalo, a miséria a que me obrigam. Campos de algodão, milho, corvos. Toda a dor, toda a alegria do mundo. Virginia Woolf que vá à fava, os relógios que vão à fava. Bessie Smith. Lady Day. Bessie Smith de novo. Morreu à porta de um hospital: não a deixaram entrar por ser preta. Iluminou-me a vida. Continua a iluminá-la. Virginia Woolf, e tal e coisa, os passarinhos que cantavam em grego. Carros da polícia lá fora, bombeiros: uma mulher em roupão, no telhado do prédio em frente, previne aos gritos que se vai atirar dali abaixo. Atirar-se-á?

TRATADO DOS CREPÚSCULOS

E agora a noite e eu sem dar por ela. Ainda há um minuto, se tanto, estava muito bem aqui sentada e era dia, o merceeiro aberto, um homem a brincar com o cão, metade da rua

(a metade de lá)

ao sol, a velha do costume a assistir a nada do peitoril porque não se passa nada no bairro, nem uma briga, nem uma discussão, nem uma dessas mulheres que caminham como as cordas se desenrolam, deixando atrás de si um rastro de assobios de homens, as ordinarices que lhes rebentam na própria boca e os sujam a eles à maneira dos balões das pastilhas elásticas. Não se passa nada no bairro, nunca cá veio uma ambulância ou uma carreta funerária, os polícias circulam ao longe, sem ligar. A vida começa uns quarteirões adiante, e só nos chegam os ecos atenuados dela. Existiu uma época em que morava um cantor num destes prédios, de barba ruiva, cheio de anéis, extravagante, feminino, mas a doença dos pecadores levou-o: estava internado no hospital e por conseguinte a única morte que temos sucedeu noutro lado. E o cantor podia ser diferente mas derivado à sua educação e aos seus bons modos

(não falhava um bom-dia)

a gente simpatizava com ele e até o defendia se um estranho de um ponto qualquer da cidade lhe chamava maricas. E depois sempre que dava um espectáculo convidava-nos. E informava quando ia à televisão, para o apoiarmos com nervosismo e orgulho no sofá da sala. Quantas pessoas se podem gabar de conhecer artistas da televisão? Conhecer mesmo, e eles saberem-nos o nome. Gostava que ele me dissesse

– Dona Idália

e teria gostado ainda mais se fosse num lugar diferente, na Baixa (é um supor)

com toda a gente a olhar para ele, ninguém a olhar para mim, ele

– Dona Idália

e então toda a gente a olhar para mim, admirativos, invejosos. Aposto que no mínimo uma senhora ou duas me pediriam autógrafos e eu, modesta, a escrever Idália da Conceição Esteves num lenço de papel ou num bilhete de metro, e a fornecer subsídios inéditos para a biografia do cantor, que por sinal fumava a mesma marca de cigarros que o meu marido e era muito afeiçoado à mãe. Ao fim do dia passeava o basset que hesitava entre urinar nos pneus e urinar nas árvores e ele cheio de paciência, à espera. Às vezes um rapazinho todo cabedais, de crucifixo de prata no umbigo, acompanhava-o, e percebia-se logo que não tinha paciência nenhuma para o basset. Como se pode perder tempo com criaturas que detestam bichos?

E agora a noite e eu sem dar por ela. Ainda há um minuto, se tanto, estava muito bem aqui sentada e era dia, o meu marido assobiava na marquise

(desde que se reformou assobia muito mais na marquise)

e nisto, sem um aviso, à laia de um trovão num céu claro, a menina Germana, do número 6, que passava a ferro mesmo diante do meu crochet, descansou o ferro na tábua

(vertical, para não queimar a blusa)

olhou para mim, fez-me um sinalzinho amigo com dois dedos, debruçou-se das plantas e caiu cá em baixo num novelo de saias. Um terceiro andar não é um andar alto, mas a menina Germana não se mexia no passeio. Disse-se que o namorado isto e aquilo, a esposa do merceeiro aventou que um homem casado lá do emprego dela, discutiu-se o feitio da madrinha que só vivia da parte direita do corpo e não lhe dava um minuto de sossego, não alcançámos conclusão nenhuma e nisto era noite. Como quatro dos cinco candeeiros da rua não funcionam, não se notava a menina Germana quietinha no empedrado. Conforme tive ocasião de explicar nunca cá veio uma ambulância nem uma carreta funerária, e fazemos questão de que as coisas continuem assim. Portanto fechámos as portadas como se nada tivesse acontecido, a dona Sofia deu o jantar à paralítica, e apagámos as luzes na certeza que esses empregados da Câmara, que chegam de madrugada e lavam os restos da noite com uma mangueira, haveriam de nos deixar o quarteirão como deve de ser. E deixaram, visto que nem sinal da menina Germana. O meu cunhado, que é jeitoso de mãos, deu um arranjo ao ferro de engomar que ela não desligou. Contou-nos que foi simples, apenas uma resistência queimada num ferro quase novo. Graças a Deus.

CRÓNICA DE NATAL

E é Natal outra vez

(está sempre a ser Natal, que coisa, a velocidade com que os Natais se sucedem)

O meu pai está doente, ando há ano e meio com este livro, a mudá-lo de uma ponta a outra para ficar como eu quero e não me sinto triste, sinto uma espécie de raiva negra, vontade de telefonar seja a quem for, não importa, só para ouvir

– Olá.

Dei parte do jantar ao meu pai

(umas colheres de sopa, dois sonhos de bacalhau, água bebida por uma palhinha)

consegui que ele falasse um bocado de Eça de Queiroz, da doença de Alzheimer, de Schubert, voltei a dar-me conta, com a surpresa do costume, que me pareço imenso com ele, ao poisar a nuca na almofada a dignidade, lavrada de ossos, do seu perfil aumentou, os grandes móveis escuros, à nossa volta, deixaram de pertencer à minha infância para fazerem parte do presente que termina logo ali, num muro e, para além do muro, nada. Comi com as minhas filhas, só a gente os quatro, na casa da Joana, um sótão onde morei na volta de Angola, a minha vida, prolongada nelas, ganhou um sentido que me comoveu e a raiva amansou. Duas ou três fotografias minhas nas estantes, uma das quais com Jorge Amado e Ernesto Sábato num restaurante em Paris, os três de pé, com o braço nos ombros uns dos outros, Jorge bem disposto como quase sempre, Sábato mal disposto como quase sempre, exigindo do mundo um reconhecimento que na sua opinião o mundo lhe não dava. Lá fora uma data de noite na árvore: já não existe a capoeira, já não existe o poço, mas as plantas densas, opacas. Nessa manhã tínhamos ido a um funeral e voltei ao cemitério onde a Zé está, em Abrigada: a paisagem à volta mudou porque o incêndio do verão queimou tudo e a serra castanha, nua. O mesmo padre a encomendar o corpo numa velocidade de relato de futebol. Durante a tarde, no atelier com o romance, pensei no que fiz da minha vida e não fiquei contente com o resultado: não deixarei muito quando me for embora, alguma coisa para ler, talvez. A minha mãe subiu as escadas a fim de estar connosco: tantos mal entendidos entre você e eu, mãe, nunca fui como queria, nunca poderia ser como queria. Em Abrigada a Epifânia, a Bé: tratam-me por senhor doutor, envelheceram, e contudo o sorriso delas não mudou. Copas altas junto à igreja, nenhum cão. O pobre Sábato amargo, infeliz

(dava ideia de estar sempre a representar)

com as suas sedes de glória. Quando acabou o funeral afastei-me para fazer chichi contra um tronco, desde miúdo que gosto de urinar ao ar livre: aborrece-me verter a alma para um cano. Jorge Amado parecia satisfeito com o seu destino, mandava-me cartas à máquina corrigidas à mão. Fizemos juntos uma viagem pelo Sul de França com Gisèle Freund, uma velhinha miniatural que retratou Virginia Woolf, Joyce. Retratou-me a mim também e não sei onde pára o boneco: deve ter-se perdido numa das casas onde me perdi. Gisèle Freund magrinha, a Epifânia gorda, desenhada por Walt Disney. Ouvia-se uma quantidade de loiça a quebrar na cozinha e no silêncio a seguir a voz da Epifânia, tranquila, dirigindo-se às terrinas e aos copos partidos:

– Deixa-te ir.

À saída do cemitério o irmão da Epifânia apertou-me a mão

– Até à próxima, senhor doutor

desejando mais enterros, julgo eu. Duas mulheres embelezavam uma campa enchendo-a de jarrinhas. Um melro passou ao rés das ervas, sumiu-se numa moita. Sábato suspirava resignado, fúnebre. A Joana poisou o queijo na arca, a minha mãe desceu para verificar a febre do meu pai: as iluminações do Natal não chegam aqui, ficam lá em baixo, na Estrada de Benfica, incapazes de alcançar-nos. Se eu conseguisse dizer

– Mãe

e é difícil, porque quem morou com ela foi um antepassado meu, a compor versinhos às escondidas, a fumar às escondidas, a apaixonar--se, às escondidas, por actrizes de cinema: o écran apagava-se, a sala acendia-se e o mundo tão acanhado, tão feio. O que me toca em Schubert é a sua capacidade de silêncio, a forma como cada nota tange um nervo meu. Com o meu pai nunca falei de mim: apetecia-me tanto, às vezes. Se ao menos fosse capaz de falar do mais secreto de mim mesmo. Faço-o nos romances: deve ser por isso que não os releio, por estar ali despido. As mulheres acabaram de embelezar a campa e ficaram a observar com orgulho a sua obra. Natal outra vez, que gaita. Daqui a pouco meto-me no carro, vou-me embora com a desculpa do romance, as ruas de Lisboa desertas. Não reparo nas janelas: não me apetece reparar nas janelas. O cemitério de Abrigada fica, por assim dizer, numa espécie de encosta com uma grande serenidade à volta. Quando o tempo começa a aquecer escutam-se os grilos. E o vento. A capacidade de silêncio do vento, a forma como cada nota tange um nervo meu. A esta hora o meu pai deve ter adormecido. Pergunto-me se alguma vez terá sentido esta espécie de raiva negra, vontade de telefonar seja a quem for, não importa, só para ouvir

– Olá.

Grandes móveis escuros. A cama em que fui feito. Espero que a Epifânia diga na cozinha, após o seu rebuliço de loiça

— Deixa-te ir

para acelerar o automóvel até um sítio onde ninguém dê comigo (não se escandalize, mãe)

a fazer chichi contra um tronco: é que me aborrece, sabe, verter a alma para um cano.

Um dia meio cinzento, com nuvens feias, como se o houvéssemos fotografado com o dedo na lente, e eu aqui sentado a começar esta crónica. Um bocadinho de luz agora, as ervas da varanda tremem. Janelas vazias, sombras geométricas nas casas. Roupa pendurada. As pessoas vivem assim. Porque é que vivem assim? Tudo tão quieto, uma velhota sobe um estore, dá ideia que me fixa sem me ver, some-se no interior da casa. Vivem assim, engancham, no banco de trás, cadeirinhas para os filhos: não parecem alegres. Logo à noite estão de volta, puxam-nos das cadeirinhas sem paciência nenhuma. Um rapaz passeia um cão, pára diante de uma montra, a coçar-se. O cão aproveita para se coçar também: coçam-se da mesma maneira, um e outro, devem ter discutido entre eles como se faz, comparado técnicas, chegado à conclusão

– É assim

e acabando de se coçar o rapaz acende um cigarro. Para surpresa minha o cão não fuma, interessado num pneu a que o rapaz não liga. Não o cheira só: rodeia-o, avalia-o, demora-se a pensar, dá ideia que imensos pneus importantes no seu passado. O rapaz abandona a montra e olha para o céu com expressão de dúvida: chove, não chove? Usa sapatos de ténis, um gorro. Há quinze ou dezasseis anos, se tanto, enganchavam-no numa cadeirinha no banco de trás. A cadeirinha ainda deve existir no fundo da garagem onde se acumulam caixotes, uma bicicleta ferrugenta, tralha antiga. O chapéu de sol da praia, desbotado, com uma das varetas solta. As ervas da varanda, que ninguém semeou, continuam a tremer. Quase todos os cães têm um ar preocupado, parece que não conseguiram resolver o problema de damas

(as brancas jogam e ganham)

do jornal: lá vão eles, através dos dias, com o seu desgosto. A velhota do estore aparece com um ferro de engomar na mão. Conheci no hospital, faz muito tempo, um homem que matou a mulher com uma coisa daquelas. Achava que dormia com outros. O homem era um polícia reformado. Meio inválido, a mulher meio inválida também. Ao referir-se a ela dizia

— Aquela puta

e arreganhava-se de ódio. Não sabia o dia da semana, não sabia onde estava. Sabia que a mulher

— Aquela puta

e não necessitava de mais noção nenhuma. Não o condenaram a nada: foi a diabetes que o condenou a uma trombose, a cara passou a ter duas metades diferentes que se ajustavam mal, um olhinho meio vivo, um olho apagado. Depois o olhinho meio vivo apagou-se por seu turno e a cama vazia. Quando eu me apagar não me ponham nenhuma caneta no bolso, não preciso: passo a escrever com o dedo.

Janelas vazias, sombras geométricas nas casas, antenas parabólicas. O chefe da Pide em Gago Coutinho, Angola, radioamador, tinha uma. Argumentava com os prisioneiros dando-lhes choques eléctricos nas partes, que era a sua forma de convencer as pessoas de que tinha razão. A esposa, uma espanhola, divertia-se a colaborar nesses raciocínios. O rapaz do cão desapareceu a coçar-se, o pneu continua ali. O que haverá de especial naquela roda, segundo os critérios do bicho?

Tudo tão quieto. Um palacete à direita, com uma palmeira, guindastes ao longe. Porque é que se vive assim? O polícia esperou na cozinha que a mulher voltasse das compras, as pobres coisas do saco espalharam-se no chão. O chefe da Pide, gordo, convidava-me para jantar. Tratava-me por senhor oficial, gabava as subtilezas culinárias da esposa não gorda como ele, magrinha, com uma boca sem lábios. A única altura em que me falou no General Franco benzeu-se de devoção e beijou o polegar. Uma senhora respeitosa, crente. O que teria Deus a ver com o polegar? Menos nuvens feias, o guindaste principiou a mover-se, mas é na terra cor de tijolo de África que estou a pensar. O enfermeiro preto na sua casa de colunas. Senhor Jonatão. Noites sem fim, com o motor a gasóleo da electricidade a funcionar. E o meu compadre António Miúdo Catolo a rir-se num talude. Os dentes dele branquíssimos. Euá, amigo: traz aguardente de palmeira para a gente, que não morremos nunca.

EXPLICAÇÃO AOS PAISANOS

Estava ao telefone com o pintor Júlio Pomar e depois de falarmos da saudade um do outro

(eu, tão bicho do mato, nunca distingui entre a amizade e o amor)

entrámos pela conversa do trabalho dentro. O Júlio é das raríssimas pessoas a quem confidencio o que faço por existir entre nós, desde o primeiro momento, uma cumplicidade absoluta que não necessita de palavras, um princípio de vasos comunicantes que se tornou um milagre de sintonia mental. Então vou eu e digo

– Nunca começo um livro antes de ter a certeza que não sou capaz de o escrever

e de imediato, sem pausa alguma, vai o Júlio e responde

– E como é que a gente explica isto aos paisanos?

A frase dele

– Como é que a gente explica isto aos paisanos?

tem andado comigo. Talvez se possa explicar garantindo, por exemplo, que a principal dificuldade com o livro que ando a escrever consiste em que pensei demasiado no romance, sem ter deixado espaço para o romance se pensar a si mesmo. E, quando a gente pensa, pensa por fora, ao passo que quando o livro se pensa a si mesmo

(e a gente ali, vigilantes)

se pensa por dentro. A obra é autónoma, e não admite intromissões do autor pelo menos durante as duas ou três primeiras versões. É preciso sentir que estamos de um lado do tapume, que a mão atravessa mas os olhos não, e nem temos a certeza de acertar no papel. O que não faz mal porque, de qualquer maneira, o que não acertou com a página não merecia estar nela. É preciso compreender que não é importante perceber-se o que se faz, dado que aquilo que se faz se percebe e se articula e se basta de acordo com as suas próprias regras, que não são as nossas

(felizmente)

e necessita da gente apenas como uma espécie de intermediários entre duas instâncias que nos escapam e não nos ligam nenhuma. Sento-me à mesa e fico à espera: é assim que trabalho. A pouco e pouco uma espécie de onda ou seja o que for vai tomando conta de mim. A minha tarefa consiste em ficar quietinho, aceitando a tal onda ou o que for. E então chega a primeira palavra. Chega a segunda. Uma fúria calma toma conta da gente e a mão principia a mexer-se do tal lado invisível. Claro que por vezes a cabeça entra nisso, mas mal entra sai logo. Os capítulos vão-se construindo devagar, numa inevitabilidade cega. O material conflui, junta-se, muda de cor, de textura, de direcção, toma forma, acerta, penosamente, os seus vários elementos, à medida que a cabeça, que já não entra nele, desenvolve uma actividade paralela, seguindo-o de longe, como um cão de rebanho sem grande importância na vontade das ovelhas mas, apesar de tudo, com uma importância que as ovelhas sentem. Horácio chamava a isto «uma bela desordem precedida do furor poético». O que fica, nas tais primeiras versões, é um magma: por baixo do magma está o livro. E agora sim, chega aqui, cabeça, e ajuda-me a limpar, a trazer o livro metido lá por baixo, a secá-lo, a sacudi-lo, a dar-lhe forma. E então pira-te, cabeça, outra vez, mas mantém-te aí à mão de semear, porque me vais ser útil. Quem inicia um trabalho sabendo o que vai fazer faz mal. Faz idêntico ao anterior. Faz previsto. Faz aquilo que a preguiça do leitor espera. Escrever

(ou pintar, ou compor)

é ser vedor de água. Caminhar com a varinha, à procura, até que a vara se inclina e anuncia

– Aqui

e então a gente pára e cava. E existe tudo, lá no fundo, à espera. Escrever

(ou pintar, ou compor)

consiste em trazer para cima. Se a gente apanha o que está em cima faz o que se vê nas livrarias e nas galerias, que apresentam o óbvio. O óbvio tem sucesso enquanto o hoje é hoje. Mal o hoje é ontem ganha ranço. As livrarias vendem livros rançosos, as galerias expõem quadros rançosos. Claro que tranquiliza comprar coisas com prazo de validade. Claro que não são boas, e isso, por estranho que pareça, é tranquilizador também. Se tivermos à frente Tolstoi aqui à esquerda e o jornal à direita, começamos sempre pelo jornal. O problema é que o jornal da semana passada é o jornal da semana passada e Tolstoi o jornal de todas as semanas, de modo que o jornal da semana passada se deita fora e Tolstoi fica. Agora, Júlio, como é que a gente explica isto aos paisanos? Não explica: hão-de acabar por entender sozinhos. O Nelson, nosso comum editor, dizia-me no último encontro:

– Mas tu queres ser lido.

E eu, para dentro:

– É óbvio que quero. Segundo as minhas regras apenas.

Quero que o leitor esteja comigo. Que venha comigo. Que seja vedor de água também. Por isso recuso antologias, colecções, embaixadas, grupos: prefiro estar sozinho, ao acaso no campo, com a minha vara. Ela há-de inclinar-se, e os meus leitores e eu com ela, enquanto os outros discutem, lá em cima, dissertando sobre os ontens, louvando-se, invejando-se. É que, honestamente, só há grupos onde há fraquezas individuais.

– O romance português...

Qual romance português, ou americano, ou espanhol. Deixem-se de tretas: os únicos livros que podem vir a ser bons

(e nunca é certo)

são aqueles que a gente tem a certeza de não ser capaz de escrever. Só essa luta contra a resistência do material, das frases, das cores, nos pode permitir, com alguma sorte pacientemente conquistada, entrar, nem que seja por um bocadinho, no coração da vida. E só assim a arte é, não apenas a nossa condenação, mas a única possibilidade de salvar-nos, ou seja deitar a cabeça em paz, quando chegar a hora, sem vergonha nem remorso. Ó Júlio, achas que teremos explicado isto aos paisanos?

NÃO HÁ PIOR CEGO QUE O QUE NÃO QUER VER-ME

Para tua informação não lhe achava graça nenhuma nem era o meu género de homem, com aquele sorriso que dançava de uma orelha à outra como roupa a secar num fio, entre dois prédios. Eras tu que o trazias cá a casa, sempre a elogiá-lo

– O João isto, o João aquilo

e eu recebia-o por ti, aturava-o por ti, enervada com o sorriso dele, sem paciência para as vossas conversas, a leste, a pensar qual seria o motivo de quando estás sozinho comigo não me ligares nenhuma, a televisão, o jornal, o silêncio, às quartas

(mais raramente às terças)

às quartas à noite e aos sábados à tarde

– Chega cá

ou seja tu de pé na sala

– Vamos para o quarto

dez minutos depois levantavas-te

– Tenho sede

e eu para ali sozinha, só com meio prazer, na esperança, pelo menos, de uma festa ou de um beijo que não vinham nunca, pelo contrário, tu indiferente, distante, a desviares a cara

– Detesto lamechices

a afastares as pernas das minhas, que te perseguiam até à ponta do lençol. Para tua informação não julgues que me apaixonei por ele, o que aconteceu foi que o sorriso que dançava de uma orelha a outra era para mim que secava a roupa no fio, tu distraído de nós, as camisas e os pijamas, pendurados dos dentes dele, abanavam para as minhas bandas e tu sem dares por isso, mudava de vestido e nada, mudava de penteado e moita, ao passo que o João mais vento entre as orelhas, mais camisas e mais pijamas pendurados, as camisas e os pijamas

– Fica-te bem o vestido, fica-te bem o penteado

atrás das camisas e dos pijamas a mãozinha no meu pulso quando ias buscar uma garrafa à despensa, eu, parva, a olhar para o João e o João

– Que mal tem?

as camisas e os pijamas a centímetros da minha boca

– Que mal tem?

tu, da despensa, para o João

(nunca para mim)

– Preferes um vinho alentejano ou um vinho do Ribatejo?

como os vinhos alentejanos estavam atrás dos vinhos do Ribatejo e demoravam mais tempo a encontrar, eu, espantada com a minha reac-ção

– O João prefere um vinho alentejano

e isto sem querer, palavra, a sair-me assim

– O João prefere um vinho alentejano

e as minhas unhas para trás e para diante na palma dele, o meu joelho, sem que eu desse por isso, a achar um joelho que não me per-tencia e a ficar por lá, o sorriso baixinho, entre dentes

(isto é entre camisas e pijamas)

– Helena

e dali à casa dele foi um passo, um apartamento de solteiro todo desarrumado

(a desarrumação enterneceu-me)

e dez minutos depois não se levantou, eu não sozinha, não necessitei de lhe perseguir as pernas até à ponta do lençol, entrelaçavam-se em mim como iniciais de guardanapo e talvez não tivesse tido um prazer inteiro mas pelo menos nove décimos já cá cantavam e as orelhas do prédio, encarnadíssimas, sacudiam a roupa pendurada num temporal que dava gosto.

Não faças essa cara, não te aborreças comigo, é a vida, conforme diz a tua mãe quando uma amiga dela adoece. Nunca me tocas, nunca baixinho

– Helena

nunca um joelho, nunca esperas que o meu corpo dê sinal, nunca

– Fica-te bem o vestido, fica-te bem o penteado

e se queres a minha opinião

(mesmo que não queiras eu dou-ta)

não reparas em mim a não ser para te queixares que te falta um botão ou a carne do jantar tem nervos. Por acaso alguma vez te passou pela cabeça que a minha carne tem nervos também, que não é tudo tenro, fácil de mastigar, sem osso? O João não queria que eu te dissesse nada

– É meu amigo

embora eu suspeite que não fosse a amizade que o tornava culpado e apreensivo mas o facto de pesares, à vontade, mais trinta quilos do que ele e poderes quebrar-lhe o fio da roupa com um estalo, dando--lhe cabo de algumas camisas, de alguns pijamas pendurados, sobretudo com o vinho alentejano a ajudar-te. Reflectindo melhor talvez não te devesse ter dito nada: ficava à espera da quarta

(mais raramente da terça)

ficava à espera da quarta à noite ou do sábado à tarde, do

– Chega cá

do

– Vamos para o quarto

dos dez minutos, de uma festa ou um beijo que não vinham nunca. Mas não consigo: cada vez me agrada mais ser inicial de guardanapo e já comecei a arrumar-lhe o apartamento, enternecida. Portanto deixa-te estar sossegado com o jornal, com a televisão, com o silêncio. As chaves ficam no prato da entrada e a mulher-a-dias explica-te como as máquinas funcionam. Enviuvou há seis meses, já criou os filhos, e como temos um colchão ortopédico e ela um problema de coluna, aposto que há-de ganhar, num instante, amor à casa. Não achas que o sorriso dela dança de uma orelha à outra como roupa a secar num fio, entre dois prédios?

OHEY SILVER

Ao Zé Francisco

Scott Fitzgerald sustentava que não se pode fazer a biografia de um escritor porque ele é muitos. Hoje, 16 de janeiro de 2003, qual deles sou? Agrada-me pensar que o mais novo de mim, eu que evito os espelhos: não me pareço com quem lá está. O que coleccionava capicuas e tinha a certeza de nunca ir morrer: a Ressurreição da Carne vinha antes. Não ia morrer mas o escuro apavorava-o, apesar de íntimo de Flash Gordon e Mandrake, e no eléctrico para o liceu o tomarem, quase sempre, por Cisco Kid. Um dia, por alturas de Sete Rios, uma velha para aí de vinte ou quarenta anos colocou a mão sobre a minha, no varão, e encostou-me a coxa à cintura: continuo a recordar o seu perfume de verbena e a sentir-me tão grato: a coxa o tempo inteiro a fazer pressão e a abrandar, os dedos devagarinho nos meus. Nem me mexi. De pura felicidade juro que nem me mexi. Saiu no Calhariz, não tornei a vê-la, mas o seu calor continua. Se calhar não se destinava a mim, destinava-se a Cisco Kid. Durante semanas rondei o Calhariz na esperança de a encontrar numa janela de rés-do-chão, quase tão bonita como as actrizes de cinema, a chamar-me. Para o caso de me supor Cisco Kid treinei o sorriso dele em casa e de quando em quando, a espiar os prédios, dizia

– Ohey Silver

(o meu cavalo)

baixinho. Só me faltavam o bigode e as botas de montar e embora eu quase completo a actriz de cinema nada. Até hoje. Dizem que o tempo cura a saudade: posso garantir que não é certo. Aqueles dedos. Aquela coxa. Aquele perfume. E eu de calções

– Ohey Silver

à procura. Um outro dos meus eus, o solene, o convencido, acha que fiz figura de parvo. Peço licença

(a esse eu tem de se pedir licença)

mas discordo. Volto-lhe as costas e discordo enquanto alinho, na colcha da cama, a minha colecção de capicuas. Esse eu, o solene, o convencido, gosta de tudo o que não gosto: comida francesa, gravatas, música do Magrebe, criaturas com ideias veementes, enquanto eu prefiro pataniscas, o laço de John Wayne que ele me impede de usar, Jim Morrison e cantoras de umbigo ao léu, com lantejoulas no cabelo, que me tratam por ai filho: infelizmente nenhuma usa perfume de verbena. Hoje, 16 de janeiro de 2003, devia ter posto o sombrero de Cisco Kid para escrever isto, com o Silver a relinchar-me dicas por cima do ombro, mas estou sozinho, de ossos gelados, com o fecho éclair do blusão puxado até ao pescoço. As capicuas foram-se, os calções foram-se, os berlindes foram-se e todavia o Calhariz continua: caixilharias de alumínio e estores catitas. E ninguém que coloque a mão sobre a minha, coisa a que os outros eus, a maioria crescidos, auto-suficientes, não ligam. Há um para aí com dezoito anos que se interessa um bocadinho por mim. Pergunta, paternal

– Então rapaz?

convida-me para jogar à bola no corredor da casa

(como é maior do que eu ganha-me sempre)

porém logo a seguir fica sério, quieto, informa

– Acho que vou começar um romance

e tranca-se no quarto, rodeado de livros em línguas estrangeiras. Na manhã seguinte dou com o romance no lixo e ele quezilento, a pôr manteiga no pão

– Não prestava.

Na opinião dele nada do que faz presta, o eu de trinta anos, que fez a tropa em África, e a quem o de dezoito enternece, argumenta

– Não é bem assim

o de dezoito enfurece-se

– Não tenho talento nenhum

e fecha-lhe a porta na cara. O da comida francesa e das gravatas abana a cabeça desgostado dos dois e desaparece num livro chamado Repensar A Esquerda. Quando vai ao barbeiro pede que lhe cortem os pêlos do nariz. A maior parte dos outros eus nunca o viram, ou viram-no, às dúzias, naquilo a que ele chama restaurantes simpáticos, acompanhado pelas tais criaturas veementes. São sempre elas que falam. A maneira como ele deixa cair o cartão de crédito em cima da conta irrita-me. E à saída aperta a mão ao gerente que o trata por doutor. A veemente de serviço não aperta a mão a ninguém: nem a mão dele nem a dela têm seja o que for a ver com a mão do eléctrico do Calhariz, de adesivo no mindinho: Um penso rápido e um relógio barato no pulso, ou seja uma mulher a sério. Tem menos rugas do que as veementes nos cantos das pálpebras e aposto que não sabe um boi de restaurantes simpáticos.

A gaita é que foi essa que me ficou, é essa que Cisco Kid, tão entendido em mulheres, prefere, a única que Silver

– Ohey Silver

consentiria em transportar. As veementes amarguram-se entre revistas de moda e Wittgenstein, consideram as cantoras do ai filho numa surpresa horrorizada, falam por alíneas como os compêndios de geografia e atiram os magazines de golfe do eu solene para o banco de trás do carro. Não têm menstruação: informam num tom casual

– Estou com a história

no tom em que Júlio César ou Carlos Magno, que estão sempre com a História, o fariam. De modo que o eu solene fica na sala a mudar os canais da televisão e, se calhar, a pensar, como eu, nos eléctricos do Calhariz, com ganas que uma velha de vinte ou quarenta anos lhe encoste a coxa à cintura. Talvez tenha uma ideia de quem é Cisco Kid. E tem, de certeza, pena de não se consentir gritar

– Ohey Silver

e partir, a galope, ao encontro da vida.

CRÓNICA PARA QUEM APRECIA HISTÓRIAS DE CAÇADAS

Estou aqui sentado, à espera que a crónica venha. Nunca tenho uma ideia: limito-me a aguardar a primeira palavra, a que traz as restantes consigo. Umas vezes vem logo, outras demora séculos. É como caçar paçaças na margem do rio: a gente encostadinhos a um tronco até que elas cheguem, sem fazermos barulho, sem falar. E então um ruidozito que se aproxima: a crónica, desconfiada, olhando para todos os lados, avança um tudo-nada a pata de uma frase, pronta a escapar-se à menor desatenção, ao menor ruído. De início distinguimo-la mal, oculta na folhagem de outros períodos, romances nossos e alheios, memórias, fantasias. Depois torna-se mais nítida ao abeirar-se da água do papel, ganha confiança e aí está ela, inteira, a inclinar o pescoço na direcção da página, pronta a beber. É altura de apontar cuidadosamente a esferográfica, procurando um ponto vital, a cabeça, o coração

(a nossa cabeça, o nosso coração)

e, quando temos a certeza que a cabeça e o coração bem na mira, disparar: a crónica tomba diante dos dedos, compõem-se-lhe as patas e os chifres para ficar apresentável

(não compor muito, para que a atitude não seja artificial)

e manda-se para a revista. É assim. O problema é que esta, a que gostava de apanhar agora, não há maneira de se decidir. Bem a percebo ao fundo, escondida, reparo num pedacinho do pescoço, metade de um olho, um frémito de pele, mas não sei se é macho ou fêmea, grande ou pequena, triste ou alegre: sei que me espia e não se resolve a colocar a espinha ao meu alcance. Até quando? A mão vibra porque me deu ideia que se deslocou e porém não se deslocou nem isto, continua acolá, irritantemente vizinha apesar de distante, e não posso dar-me ao luxo de desperdiçar um tiro: não tenho mais, e crónicas não são coisas que se peguem de cernelha: com uma sacudidela amandam-nos logo ao chão e vão-se embora: as crónicas e os livros não toleram escritores aselhas, ou precipitados, ou impacientes, desprezam-nos, viram-lhes as costas a troçarem: o que desejam é que tenham mão nelas no momento exacto, e o momento exacto nem um segundinho dura: uma desatenção, um piscar de olhos e adeus, passa bem meu cretino, vai aprender a escrever para outro lado. De maneira que são onze e vinte e quatro da manhã e eis-me a esta mesa

(encostado a este tronco)

de caneta no sovaco, à espreita. Quanto tempo ainda? Um quarto de hora, vinte minutos, uma hora? Talvez menos, dado que não sei o quê em mim estremeceu: sou, ao mesmo tempo, o matador e a presa, é o meu coração e a minha cabeça que busco, ou qualquer coisa no meu coração e na minha cabeça, a sua parte de trevas, de sombra. As trevas e as sombras do António

(finalmente!)

surgem rodeando o papel, param, verificam que ninguém nas redondezas, debruçam-se

(vamos, vamos, debrucem-se mais)

a beberem da página e então ergo a caneta, viso, certifico-me que as enquadrei na mira, e aperto os cinco gatilhos dos meus cinco dedos: a crónica cai redonda no bloco, agita a cauda de um advérbio, imobili-

za-se. Nesta altura é prudente chegarmo-nos a ela pé ante pé: as crónicas apenas feridas são capazes de nos aleijar com um coice, uma corna-
da. Aplica-se por precaução a facada de um corte num adjectivo,
numa imagem, a fim de acabar com elas. E aí está a crónica quietinha,
pronta a ser publicada. Tem os olhos abertos: só quase ao encostar a
cara à sua verifico que são os meus. Podem ficar com eles: há quem
goste de mostrar troféus aos amigos.

A NOSSA ALEGRE CASINHA

À noite, na rua, quando olho uma janela iluminada penso sempre que seria feliz se morasse lá dentro. Distingo as cortinas, uma ponta de móvel, um quadro qualquer na parede.

(não o quadro inteiro, metade do quadro)

o candeeiro do tecto em que me agrada que uma das lâmpadas fundida

uma lâmpada fundida dá-me a possibilidade de a substituir por uma lâmpada nova, tornar-me útil, perguntar

– Onde está o escadote?

avançar com o escadote a esbarrar nas cadeiras subir três degraus

(três degraus chegam)

desenroscar a lâmpada fundida, estendê-la para baixo sabendo que alguém

(tu?)

pegará nela oferecendo-me a nova, enroscar a lâmpada nova e a sala mais clara, maior, menos sombras nos cantos, descer os três degraus, competente, feliz, fechar o escadote sem entalar o mindinho, guardá-lo entre o frigorífico e a porta da cozinha

– É aqui?

verificar se a lâmpada não pisca e não pisca

– Ficou melhor não ficou?

ocupar um lugar no sofá que conquistei graças à minha competência doméstica, um soslaio satisfeito para a rua e na rua, à distância de
dois andares, um homem

(eu?)

a pensar que seria feliz se morasse aqui dentro. E seria: o apartamento deve ter uns dez anos apenas, quase nenhuma infiltração a não
ser na despensa

(mas quem repara numa infiltração na despensa?)

a tijoleira que mandámos colocar a substituir os tacos

(e, claro, a casa logo mais fresca)

a mesa de bambu com tampo de vidro, as estantes de bambu, as
poltronas de bambu, o barzinho, o nosso quarto com uma rodela de
loiça do lado de fora da porta

e na rodela de loiça Tarzan & Jane

eu Tarzan aos sábados à tarde, depois das compras da semana, tu
Jane umas vezes, outras vezes

– Veio-me o período, tem paciência, já sabes que não gosto

eu menos Tarzan porque tu nada Jane, outras vezes tu Jane

(normalmente quando estou com sono)

o soutien preto, o cabelo que foste pentear em segredo no cubículo com uma rodela de loiça do lado de fora da porta

Lugar de Meditação

uns brincos de fantasia, uma pinturazinha nos olhos, tu definitivamente Jane

– Fofinho

eu sem músculos lutando com uma pálpebra empenada

– Perdão?

os teus dedos a brincarem-me com a medalha do peito, o Tarzan
que recusa aparecer, que começa a alarmar-me porque recusa aparecer,
uma espiadela lá para o fundo onde o meu corpo ainda dorme

– O que se passa contigo?

não dorme, o meu corpo assustado

– O que se passa comigo?

um dedinho explorador que não percebe, a palma inteira, um frio de susto na nuca, a tua palma sobre a minha

– Estás bem?

o soutien preto a que outro Tarzan qualquer chamaria um figo, uma desculpa idiota

– Deu-me a impressão que ouvi passos lá fora

os brincos de fantasia a escutarem um momento, a dilatarem-se de regresso a mim

– Não há passos fofinho

dentes na minha orelha

– Maroto

pensar na telefonista do emprego a ver se, na esposa do Novais na esperança que, pensar na esposa do Novais nunca falhou até hoje

(está a falhar hoje)

tu a desistires, a tirares os brincos, a pegares numa revista, a desfazeres o penteado na almofada

– Quarenta anos em maio não foi?

demasiado interessada num noivado de actores

Marisa Garantiu-Nos: O Fernando E Eu Completamo-Nos Maravilhosamente

e um parzinho risonho a fazer festas nos pés um do outro ao passo que Jane e Tarzan não se completam nem um pouco, não fazem festas nos pés, o Tarzan aflito a levantar-se da cama

– Já venho

enquanto o Fernando e a Marisa te explicam pormenores

Fernando E Marisa Abrigam O Seu Amor Em Benidorme Num Cenário De Sonho

o Tarzan no barzinho à procura do uísque

(dizem que o álcool ajuda)

a beber um gole, outro gole, a não se achar ajudado, a procurar decidir

– O que é que eu faço agora?

o chão de tijoleira vai constipar-me de certeza, o bambu que me irrita

(tanto bambu para quê?)

o Tarzan a auxiliar-se com a mão insegura e o que o Tarzan auxiliava a recusar auxílio

– Quarenta anos em maio

deve ser dos quarenta anos, quarenta anos que horror, o Tarzan idosíssimo, perdido, a encontrar a janela, na janela o princípio da noite e um homem na rua

(eu?)

a pensar, o cretino, que seria feliz se morasse aqui dentro.

COISAS QUE DESCOBRI TER TRAZIDO DE ROMA AO ESVAZIAR A MALA

O sorriso do escritor siciliano Vicenzo Consolo, que me fez lembrar um dito brasileiro (mulher que é mulher gosta de homem safado), autor de um romance com um título belíssimo (Noutro Tempo, Casa a Casa) e tão parecido com Picasso nos olhos, no tamanho, na malícia, no bonezinho com que se enfeitava para a chuva; a praça onde gastei horas a ver os pintores de rua e as pessoas que posavam, em banquitos, para eles: começavam-nas pelo cabelo e vinham por aí abaixo, a favorecê-las, até todas as senhoras darem ideia de actrizes de cinema mudo e todos os cavalheiros de armadores gregos, enquanto eu me sentia grato pela piedade dos artistas e pela sinceridade das suas mentiras: obrigado desenhadores da Piazza Navona, espero que um dia vão para o céu dos passarinhos e das

(como dizia o Bandeira)

e das virgens que envelheceram sem maldade; os diversos restaurantes onde me levavam e onde comi sempre, fielmente, abnegadamente, desconsoladamente, o mesmo prato, acho que por preguiça e cansaço: levar os dias a ser amável, que maçada; o escritor português

Mário Cláudio, cuja névoa infantil nas pálpebras, imitando lágrimas, sempre me comoveu: a boca tremia-lhe de vez em quando e entendia--se que as lágrimas eram autênticas porque isto dos livros dói tanto, ou pode ser que a névoa não estivesse nele, estivesse em mim, desde regiões oprimidas da infância em que me fitava, com um rancor de acusado, à luz da madrugada; igrejas, pedras, estátuas, um excesso de passado que tornava as pernas das raparigas mais efémeras e belas, caminhando no alto dos seus saltos para longe de onde eu estava, sempre para longe de onde eu estava: a emoção da feminilidade que me perturbará até ao fim, quando eu uns ossos, uns gaguejares, uns músculos, pobres deles, sem força; polícias mascarados de militares de Carnaval a assistirem, em grupo, ao espectáculo das criaturas em cima de uma peanha, com a caixa das esmolas ao pé, que ganham a vida a permanecerem quietos a meio de um gesto; esplanadas em ruas estreitas, com velas acesas nas mesas, retorcendo sombras; a alemã sozinha que fumava cigarro após cigarro num desespero lento, toda embrulhada em óculos escuros; a alegria de uma edição de 1812 da obra de Tácito, em cinco volumes amarrados com uma fitinha encarnada; o sabor dos gelados onde recuperei a minha primeira visita a Roma, com o meu avô, e logo essa aflição no peito que antecede os abraços: Benfica de súbito, inteira, completa, na Via di Petra: nem as tipuanas faltavam; Luciana Stegagno Picchio, professora emérita, que não encontrava desde 83, no Brasil, pedindo que lhe autografasse um retrato meu, e a sensação de estar tocando em alguém que habitava a outra margem da vida, embora me dê ideia que na vida só esta margem existe e depois um mar sem fundo de móveis antigos, frascos vazios, álbuns com antepassados de touca, parentes meus a quem uma mão de terra cobre as caras; a Joana que veio de comboio, de Pádua, para estar comigo umas horas: partiu às seis, quando eu dormia, e o empregado da recepção, para ela

— Paga você ou o homem que ficou lá em cima?

o que apenas soube ao telefone, já em Lisboa, mas o murro nos cornos fica-lhe prometido: nem que lá vá de propósito

(o meu avô faria isso)

partir-lhe o focinho por ter magoado a minha filha; nomes: Daniela, Ana, Cristina, senhoras que o tempo feriu, lutando, sem resultado, contra os anos; um piano a querer contar-me um segredo numa janela de primeiro andar: qual seria? Quanto mais tentava compreendê-lo mais frágil de carinho me sentia e, ao ir-me embora, a certeza que uma nota me roçava no ombro, a chamar-me; sonhos confusos que prefiro não lembrar; sementinhas de alegria aqui, ali, pequeninas, o remorso de não haver concluído a minha vida e fosse o que fosse, com não sei quê de esperança, a abrir-me um bocadinho de porta, a seguir à porta um soldado

(eu?)

numa cadeira de tábuas de barrica a espiar-me, mangueiras de Marimba, a cantina do senhor António, um andarilho que nenhuma criança empurra, o escritor siciliano Vicenzo Consolo que principia a sorrir noutro tempo, *casa a casa*, eu diante de craveiros de varanda, a majestade da esposa do farmacêutico, de cãozinho ao colo, o meu tio Fernando a fazer ginástica, de tronco nu, no inverno, ao acabar de esvaziar a mala de Roma uma coisinha que mal vejo, no fundo, e é o anel de bolo rei que estava na minha fatia tinha eu seis anos, me servia no dedo, era de estanho ou isso, não valia um chavo e eu um príncipe, isto é eu com um anel de príncipe, eu riquíssimo, note como sou riquíssimo, mãe, como sou um príncipe, o escritor siciliano Vicenzo Consolo enfeita-se com o bonezinho para a chuva, a Piazza Navona deserta e o eco dos meus passos, por toda a parte, à medida que a alemã apaga o último cigarro, rasga o maço vazio, ergue o queixo e a boca dela pronuncia devagar as letras, subitamente enormes, do meu nome.

EPÍSTOLA DE SANTO ANTÓNIO LOBO ANTUNES
AOS LEITORÉUS

A expressão luta contra o tempo, lugar-comum horrível, é, com toda a sua vulgaridade, aquilo em que a minha vida se tornou. Escrevo isto e lembro-me da pergunta que a empregada de Júlio Pomar lhe fez, ao vê-lo a penar no atelier:

— Porque é que o senhor Pomar trabalha tanto se já tem os filhos criados?

A mim perguntam-me, com igual incompreensão, porque não saio, não me divirto, não vivo. A frase é exactamente esta

— Não gostas de viver?

e continua a pasmar-me. Depois percebo que não há nada mais chato para os outros do que um homem que não se chateia. As pessoas que se chateiam precisam, como elas dizem, de distrair-se, de viver: ci-nemas, jantares, viagens, fins-de-semana. E riem, são aquilo a que se chama boas companhias, conversam. Eu detesto distrair-me, ter de ser simpático, ouvir coisas que não me interessam. Não frequento lança-mentos, festas, bares. Quase não dou entrevistas. Não falo. Não apa-reço. Não me vêem. Não promovo os meus livros. Não tenho tempo.

É-me muito claro que trago os dias contados, e que os dias são demasiado poucos para o que tenho de escrever. Os outros garantem

– No fundo fazes o que gostas

e não é verdade também. Escrever é uma ocupação que muito raramente associo ao prazer. Não se trata disso. É complicado explicar e sempre me aborreceram explicações. E isso aproximou-me de criaturas com o mesmo fadário, que não é fadário nenhum. O Eduardo Lourenço, que entende, iluminava o problema com um verso do Pessoa, que ele aprecia e eu não: Emissário de um rei desconhecido/ eu cumpro informes instruções de Além. Isto em Évora, os dois: com esse, sim, divirto-me. Porque falamos a mesma língua, uma língua outra. Tal como com o Zé Cardoso Pires, a Marianne Eyre, o Christian Bourgois, o Júlio, que mencionei acima, mais alguns. Os Emissários. Os tais que, de não se chatearem, são considerados chatíssimos pelos chatos. Curioso serem esses chatíssimos que inundam as estantes, se vão escutar aos concertos, se visitam nos museus. Há meses convidei uma das minhas filhas para conhecer um escritor estrangeiro de que ela gosta muito. Resposta que me alegrou, por a considerar a mais saudável:

– Para quê? Depois de lhe confessar que gosto dos livros dele não tenho mais nada a dizer

e eu pensei logo

– Ganhaste o céu.

No entanto, é curioso, só com estes chatíssimos me sinto bem. Nunca ficamos juntos muito tempo por estarmos cheios de imperiosas vozes interiores que inapelavelmente nos convocam, as informes instruções que sem cessar nos chamam. Faz poucas semanas convidaram-me para encerrar

(que raio de palavra)

um congresso de médicos. Claro que não preparei nada. Não tinha tempo. Fui resmungando ao acaso. Lembro-me do início dos resmungos:

– Vocês pediram-me que viesse na suposição que um escritor diz coisas interessantes. Esperar que um escritor diga coisas interessantes é o mesmo que esperar de um acrobata que ande aos saltos mortais na rua.

Em regra só os artistas medíocres dizem coisas interessantes e tenho uma desconfiança instintiva dos verbosos, dos fluentes, dos engraçados, dos que dissertam, sem pudor, acerca do seu trabalho. Nunca conto a ninguém o que estou a fazer. A mesma filha

– O pai nunca fala do que escreve

e ignoro se ela compreende que não é possível fazê-lo. Falar de quê, se trabalho no escuro e não vejo. E, se me fosse possível falar de um livro, não seria necessário escrevê-lo. Trabalho no escuro, tacteando, chegam sombras e vão-se, chegam frases e vão-se, chegam arquitecturas fragmentárias que confluem, se unem. Um dia destes, na primeira versão de um capítulo, comecei a chorar enquanto escrevia. Li que Dickens

(outro chatíssimo)

ria e chorava durante a composição dos seus livros. Não acreditei. Agora acredito: nunca me acontecera antes e duvido que me torne a acontecer. Mas foi um momento único, de felicidade total, a sensação de ter atingido e de estar a viver no centro do mundo, em que tudo me era claro, de uma beleza indescritível, de uma harmonia absoluta. São momentos assim que persigo desde que pelos doze ou treze anos

(estou a armar-me em parvo para quê, sei perfeitamente a data exacta)

me veio a certeza fulminante do meu destino: foi no dia 22 de dezembro de 1955, às cinco horas da tarde, ia eu, miúdo, num autocarro para casa, de repente

– Sou escritor

e palavra de honra que esta evidência me meteu medo: eu nem sabia o que era um escritor. Depois entendi que era quase tudo o que as pessoas que fazem livros não são e compreendi melhor. Mas preciso de tempo, mais tempo. Meu Deus, dá-me tempo. Dá-me mais dois, três, quatro romances, dá-me esta graça da Tua bondade (o Daniel Sampaio:

– Outro dia disseram-me «você que é ateu» e fiquei furioso)

dá-me o poder ser como Tu quando trabalho muito, a capacidade de ver nascer um mundo deste nada, de ver levantar-se, inteiro, o milagre da minha condição, a, sobretudo, de continuar a ser como o pintor Bonnard

(acho que já contei esta história)

que visitava os museus com uma pastinha e, quando apanhava o guarda distraído, tirava um pincel da pastinha e retocava os seus quadros. Esta prosa saiu-me descosida, coitada: é que ando à brocha com um romance que se escapa por todos os lados, e eu sou o cão daquele rebanho de palavras, sempre a fugirem do papel e eu a trazê-las outra vez: não se pode ladrar às palavras: tem de se lhes correr à volta. Vou em oito versões dos primeiros capítulos deste livro e são elas que me previnem

– Ainda não é isto, recomeça.

Tudo o que aqui afirmei arrisca-se a dar a ideia que a minha vida é um tormento e uma estucha, quando se trata, precisamente, do contrário: sinto-me como diante de uma mulher nua: o fervor que antecede o primeiro beijo e uma vontade pesada de ajoelhar de ternura, sofrendo, como um alarme feliz, a veemência do corpo.

20 DE FEVEREIRO,
TODA A ALEGRIA DO MUNDO

Começámos por morar num quarto alugado, na rua Filipa de Vilhena, em frente da Casa da Moeda: por causa do cheiro e do fumo cozinhava-se no peitoril da janela: isto em setembro, outubro, novembro, dezembro, até eu embarcar para Angola a 6 de janeiro. Choveu bastante esse ano e no cais quase não se viam gaivotas. Marchas militares, sim. E discursos. Tinham-me operado a um quisto da orelha e levava a cara entrapada. Lembro-me dos gritos das pessoas à medida que o barco se afastava. Ainda hoje, se passo na rua Filipa de Vilhena, o coração transforma-se num pingo. As árvores não mudaram, pouca coisa mudou por ali. Quase sempre dou a volta com o carro a fim de não encarar a nossa janela. Sei qual é. Antes disso, ao tocar a campainha da casa dos teus pais, ouvia o som dos saltos dos teus sapatos na escada. Continuo a ouvir. Apesar de não descerem continuo a ouvir. Depois morámos no casebre de um chefe de posto em Marimba. Depois no quartel. Depois num sótão. E na messe de oficiais de Tomar, com a cama a bater contra a parede. Para um fim de semana de dois dias chegavas de comboio, cheia de malas. Eu via doentes no Hospital da Misericórdia, numa clínica. Fui muito feliz em Tomar. O Nabão cheio de peixes, a Corredoura. Soldados doentes no convento, lá em cima. Corrigi a luxação do ombro de um paraquedista com o pé no sovaco dele, puxando e rodando o braço até a cabeça do úmero encaixar. As árvores da mata. O tribunal. Os teus vestidos estampados. Os empregados da messe, de lacinho, todos mesuras. O penteado trabalhoso do brigadeiro, coronéis muito velhos, de férias, com mulheres muito velhas: o pó-de-arroz não aderia à pele, flutuava-lhes em torno, numa espécie de halo. Ao lado dos pratos frascos de remédios, pingos, pastilhas. Os médicos da cidade jogavam bilhar num café escuro. Um rapaz a agonizar de pneumonia apertou-me as mãos com muita força

– Não me deixe acabar

e a cara do pai dele num granito de espanto. Quando o filho acabou e as mãos me largaram disse

– Muito obrigado

e saiu do quarto a esbarrar nas coisas. No entanto fui feliz em Tomar. O Mouchão. Passeávamos de barco no rio e eu tão aselha com os remos. Tu, sentada no outro banco, a rires-te. Não são recordações tristes, pelo contrário. Havia momentos em que me era claro nunca ir morrer. Depois, em África, essa certeza diminuiu. Semanas na mata, com um rádio que assobiava a cobrir as palavras. A sanzala Santo António, enorme. A beleza daquilo. O aluguer do quarto da rua Filipa de Vilhena levava o meu ordenado inteiro. E, contudo, era fácil. Escrevia, desde muito antes da tropa, um romance interminável. Há ocasiões em que julgo que todos os meus livros, os que vim a publicar, estavam lá. Dez cadernos grossíssimos: ainda existem. O rapaz da pneumonia morreu por uma asneira do cirurgião: teimava que era uma úlcera. Nem com 10 milhões, 20 milhões de unidades de penicilina no soro o salvei:

– Não me deixe acabar.

Este mês de fevereiro é amargo. De há tempos para cá o mês de fevereiro é amargo. Julgo que nunca fui infeliz, mesmo nas alturas infelizes. Zangado às vezes, uma espécie de desespero de quando em quando, porém infeliz não. Continuo e, enquanto continuar, falarei por nós. Centenas de macacos nos morros da Pecagranja. Algodão algodão algodão. Víamos todas as noites o mesmo filme: Joselito, o Pequeno Cantor, o único que existia. Na minha opinião nunca se fez um filme tão bom. As imagens tremiam no lençol do écran. Por estranho que pareça todas as noites o filme era diferente. Céus imensos de estrelas desconhecidas. Cadeiras feitas de tábuas de barrica. A bandeira no mastro, a desbotar-se com os meses. Na rua Filipa de Vilhena não se distinguia se eram os pardais ou as pedras do passeio quem pulava no chão. Desde essa época que as pedras não tornaram a voar. Passeávamos por ali a ver as montras, de braço dado. O quarto tinha um cubículo com uma banheira pequena. Desenhava-se o nome no vidro e as letras desciam para os caixilhos, ganhando perninhas com uma gota na ponta. Deixávamo-nos recados, a pasta de dentes, no espelho, coisas que fariam sorrir quem está de fora. Na sala da Madre de Deus carantonhas de pau na parede, um armário de bibelots minúsculos. A tua mãe instalada à nossa frente como um cão de loiça. O teu pai ao fim do dia: metia a chave e nós hirtos, a afastarmo-nos no sofá. Antes de cada beijo, no passeio, à despedida, verificávamos se os estores descidos, nenhuma cara à espreita. Joselito, o Pequeno Cantor, desafinava com ímpeto: devia ser da máquina, dado que Joselito era perfeito. Andava numa carroça com os guizos das mulas tlim tlim e a gente, de camuflado, fartos da guerra, comovidíssimos. A história, graças a Deus, acabava bem. Receava que, por um capricho qualquer, aquele enredo, lindíssimo, mudasse, mas o Joselito nunca me deixou ficar mal. Os grandes artistas são assim. Hoje, 20 de fevereiro, apetecia-me tornar a assistir ao filme contigo. Acho que é a coisa que me apetece mais: tornar a assistir àquele filme contigo. Deve ter sido em Marimba que fizemos a Joana. Telefonei-lhe há bocadinho. Disse

– Olá meu pai

e eu todo aos nós por dentro. Telefonar para Itália é telefonar para longe. Passado um nada voltei a ligar. Informei que era só para lhe dar um beijo. E, então, dei. São onze da noite mas na rua Filipa de Vilhena aposto que as pedras do passeio pulam como os pássaros. E um céu de estrelas desconhecidas, imenso, por cima da gente. Se tomar atenção oiço o tlim tlim dos guizos. Tu de vestido estampado e eu de farda às três pancadas ainda aqui estamos. A sério. Com os nossos nomes a descerem para os caixilhos, ganhando perninhas com uma gota na ponta. E amanhã de manhã encontro um recado, a pasta de dentes, no espelho. De modo, percebes, que nenhum nó por dentro. Nó porquê? Os enredos lindíssimos, graças a Deus, acabam sempre bem.

CRÓNICA PARA NÃO LER À NOITE

É como se não tivesse acontecido nada, eu aqui sossegado, as coisas no lugar do costume

(as mesmas coisas)

móveis, fotografias, isso assim, os prédios do costume na janela, as árvores do costume na outra janela, o candeeiro no tecto, o metálico, de pé, ao lado do sofá, tudo igualzinho, sem diferenças, e apesar de não ter acontecido seja o que for a gente pergunta-se

– O que foi?

e não acha uma resposta concreta, acha um desconforto, uma inquietação vaga, qualquer coisa por dentro

(não se percebe o quê)

talvez um engano, talvez nada, e não engano, e não nada, o desconforto real, a inquietação real, vontade de telefonar mas a quem, de dizer mas o quê, a zanga de não compreenderem o que a gente não compreende e todavia existe, olhamos para a estante, olhamos para a mesa e a estante e a mesa idênticas, os passos do vizinho logo acima e tão remotos hoje que os queríamos próximos, se alguém tocasse à porta, me chamasse

(não chamam)

se alguém

– Estou aqui

e não estão, se me levantasse

(não me levanto)

o corpo pesadíssimo, ossos, carne, melhor ficar quieto, pensar que daqui a pouco já não me lembro do que não me lembro agora, já esqueci o que não sei o que é e por não saber o que é não importa, e por não saber o que é importa, se me dessem uma ajudinha

(uma ajudinha?)

conseguia, o que se torna esquisito porque conseguir não é a palavra e não acho a palavra, a lâmpada do candeeiro metálico estremece sem motivo, torna a fixar-se, continua, observo a lâmpada e não estremece, se calhar não estremeceu, imaginei que estremeceu, deixo de observar a lâmpada e

(zuca!)

um estremeção, observo de novo o candeeiro e o candeeiro

– Não estremeci, palavra

cheio de inocências, de espantos, uma das fotografias sorri quando não devia sorrir neste momento, custa-me a entender que sou eu na moldura, o ano passado, em agosto, a convicção que mudei imenso

– Sou eu, este?

as feições diferentes, o nariz, os olhos, se um amigo aqui eu a exibir a moldura

– Conheces este?

e o amigo a estranhar, as sobrancelhas a subirem testa fora

– Perdão?

incrédulo, desconfiado, na cabeça dele

– Estás a brincar comigo?

– Estiveste a beber?

– Não te sentes bem?

as três interrogações simultâneas e não estou a brincar, não bebi, quanto ao sentir-me bem é mais difícil, melhor explicar

– Claro que me sinto bem

como não sentir-me bem se não aconteceu nada, as coisas no lugar do costume

(as mesmas coisas)

os prédios do costume na janela, as árvores do costume na outra janela, tudo igualzinho, sem diferenças

– Claro que me sinto bem

a moldura séria

(– Já não te ris, tu?)

a avisar-me do que não compreendo, fitando, para além de mim, um ponto difuso, concentro-me no ponto e o ponto vazio, o que estaria a ver quando carregaram no botão da máquina, o amigo a puxar as sobrancelhas de volta

– Tens a certeza que te sentes bem?

os passos do vizinho pararam, a campainha da porta muda, o telefone mudo, o silêncio que me tomba, feito cinza, em volta, tento um desses gestos que, por não quererem dizer nada, dizem tudo, e o gesto torto, incompleto, a desistir, a regressar ao joelho de onde a mão saiu e no qual poisa

(o anel no mindinho, a cicatriz do canivete em criança)

não apenas uma das mãos, ambas as mãos nos joelhos, as que levo à cara na esperança de formar com elas uma máscara que me esconda, oculto nas mãos acabaram-se os móveis, as fotografias, os prédios, se as tirasse de repente e me encontrasse no espelho quem sou, não me atrevo a tirar as mãos e eu inteiro a refugiar-me nas palmas, eu inteiro a alarmar-me

– Serei eu?

com a impressão de que não sou eu e nisto a chuva que aumenta as vidraças, nisto a lâmpada que estremece e se apaga, nisto o amigo a chamar-me

– João

num tonzinho de medo no escuro, a insistir

– João

as mãos dele nos meus ombros, as minhas mãos na cara, não afasto as mãos da cara para que ele não se assuste

– João?

eu imóvel, dobrado para diante, com vontade de um grito, com vontade de garantir

– Não é nada

ciente que da janela deste apartamento à rua sete andares, nem sequer tempo, ainda que com a chuva, de me molhar um bocado.

O MEU TIO ROBY

O meu tio faleceu o mês passado. Era cabeleireiro, tinha trabalhado no teatro, em novo, como bailarino, e a minha mãe nem o deixava entrar lá em casa no Natal. O facto de ele pintar o cabelo de cor de laranja e usar pulseiras enervava-a, e isto para não falar do anel no polegar. O meu tio chamava-se Artur, mas as clientes conheciam-no por Roby. Às vezes eu, ao sair do emprego, passava no centro comercial onde o meu tio oficiava, ainda de longe, entre uma sapataria e uma dessas coisas de comida para fora, dava com a insígnia

Roby & Rony

e lá estava o meu tio, de bata azul curta, a compor um penteado nos seus gestos aéreos de Lago dos Cisnes. Devia andar pelos setenta anos mas era elegante e remexido, o sócio dele, o Rony, que não devia ter mais de 20 ou 21 e trazia um anel igualzinho ao do meu tio no polegar também

(pintava o cabelo de verde e o verde e o cor de laranja não combinavam mal)

segredava-me a apontá-lo

– Não está tão viçoso?

e eu, ao contrário da minha mãe, orgulhava-me sinceramente da viçosidade do meu tio, cuja boca, pode ser que demasiado vermelha

(sinal de saúde, diria a minha madrinha)

se alongava num beijo ao ver-me, mostrava-me, orgulhoso, às freguesas, todo mindinhos

(tirando o polegar do anel não havia um dedo no meu tio que não fosse mindinho)

– O meu Reinaldo

o Rony dissipava pensamentos injustos

– É o filho da irmã dele meninas

de palmas em concha voltadas para o tecto, o meu tio Roby convidava-as a palparem-me os músculos do braço

– Saiu há dois meses da tropa

uma ou outra cliente parecia apreciar o facto de eu ter sido soldado, o meu tio Roby, que para compreender mulheres era um alho, aproximava-me logo das freguesas a quem agradavam magalas, puxava-me a manga até ao ombro para que a bandeira nacional tatuada ficasse à mostra, admoestava criaturas de rolos na cabeça

– Já não fazemos uma festa na bandeira, já não somos patriotas?

acrescentava baixinho para os rolos

– Um homem e tanto

e eu para ali, quieto, de braço ao léu, como quando vou ao hospital dar sangue. (Sou O RH+.) O meu tio Roby pedia-me que esperasse

– Aguenta um niquinho, filho, para acabar de compor esta franja

eu, que sou tímido, metia-me para dentro da manga, o Rony, a lavar uma cabeça, batia-me pestanas, encontrava a sobrancelha

(de súbito feroz)

do meu tio e deixava de bater, o meu tio recuava a avaliar a franja, entregava as ferramentas à ajudante com quem me acontecia, de tempos a tempos, trocar pontos de vista numa pensão simpática

(ela tinha sempre mais opiniões do que eu e felizmente não se cansava de repeti-las) o meu tio, depois de um último soslaio à franja, convocava-me com um dos seus mindinhos em argola

– Anda beber um cafezinho filho

ou seja um balcão quatro ou cinco estabelecimentos adiante, lamentava-se

– Já não posso ver mulheres à minha frente senhores

encostava-se ao balcão e mal se encostava ao balcão os mindinhos desapareciam, a voz engrossava, os movimentos, até então redondos, adquiriam esquinas e ângulos, em lugar de cabelo cor de laranja o que eu via era cabelo branco, perguntava-me

– A tua mãe como está, rapaz?

numa lentidão que me parecia triste, mentia-lhe ao responder que

– Bem, tio

a ocultar os diabetes, o meu tio ficava que tempos a observar o fundo da chávena, dava-me ideia

(posso estar enganado)

que uma espécie de aguazinha que as pálpebras, graças a Deus, seguravam, o meu tio declarava para o interior da chávena

– A vida é uma grande gaita, rapaz

o Artur sumia-se nele, era o Roby quem pagava a despesa

– Lá vou eu outra vez para aquelas chatas, filho

deixando-me na bochecha um rastro da sua boca vermelha

(sinal de saúde)

que mal ele se encafuava entre secadores eu limpava com o lenço.

Faleceu o mês passado, como disse. Nem sequer foi uma doença longa: uma trapalhada qualquer do coração, dois dias no hospital a soro e apagou-se. Visitei-o na véspera: tinha um tubo no nariz e a barba por fazer, fosse o que fosse de distante na expressão, e no entanto, assim que deu por mim

– Filho

animou-se um bocado. Ali, na borda da cama, reparei que nem pulseiras nem o anel do polegar, e as unhas sem brilho, pálidas. Cochichou

– A tua mãe não vem ver-me?

adormeceu um minuto, acordou, cochichou outra vez

– A tua mãe não vem ver-me?

e quedou-se à espera enquanto eu vasculhava uma desculpa decente, não a achei, acabei por cochichar também

– Há-de vir

e a espécie de aguazinha que as pálpebras, graças a Deus, seguravam, aumentou-lhe os olhos. Era a altura dos medicamentos que a enfermeira trouxe num copito de plástico

– Como é que estamos nós, senhor Roby?

Não contei à minha mãe que o meu tio, já sem aguazinha nas pálpebras

– Não sou Roby, menina, sou Artur

conforme não lhe falei do gesto dele, mal a enfermeira se foi embora, um gesto em que metade dos dedos eram mindinhos e a outra metade dedos normais

– Já não posso ver mulheres à minha frente, senhores

e ainda menos que antes de me mandar embora com o queixo acrescentou

– A vida é uma grande gaita, rapaz

e, sobretudo, não lhe disse que voltou a cara na direcção da parede, sem se despedir de mim, e que me vi à brocha para aguentar a aguazinha das pálpebras, não fosse a minha mãe pensar que eu era algum maricas.

ÚLTIMO DOMINGO DE OUTUBRO

Da sala, antes dos prédios, vê-se um campo de básquete, ervas, oliveiras, e a sombra das oliveiras sempre à direita, independente do sol. Uma casa amarela, talvez mais ocre do que amarela, de janelas sublinhadas por uma faixa branca, depois um muro, depois a estrada e, então sim, os prédios. Todos iguais, marquises, persianas. Nem uma pessoa para amostra. São dez da manhã de domingo, mudou a hora. Parece que, tirando a hora, não mudou mais nada. Não estou aqui, continuo no Hotel Wedina a escrever. Gurlittstrasse 23, em Hamburgo, não muito longe da água, frente aos áceres de um parque. De tempos a tempos levantava a cabeça e os áceres, tocados pelo vento, diziam

— Pois sim.

Áceres velhos, quase prateados. Um cão preocupadíssimo, às voltas. Nem uma pessoa para amostra igualmente, a Alemanha vazia como o domingo de hoje vazio. Nenhum vento toca as oliveiras, nenhum

— Pois sim

apenas o silêncio do apartamento ao sol. Se o silêncio falasse, falaria o quê? Pois sim? Outra coisa? Gurlittstrasse, Gurlittstrasse. Os hóspedes a tomarem o pequeno-almoço inclinados para o jornal, a senhora da recepção muito séria atrás dos óculos. Os olhos dela, transparentes. Frau Mertin, com um prato de rebuçados de framboesa junto a uma pilhazinha de mapas da cidade. Só a metade de baixo da cara mudava, os olhos permaneciam intactos, indagando. O marido, de escadote, a consertar lâmpadas. Não sei porquê assemelhava-se às fotografias das vítimas dos acidentes ferroviários, alinhadas na quarta página, sob o título da notícia. Como o senhor Mertin ainda não lera a notícia continuava a consertar. Receei que a mulher lhe apontasse a quarta página

– Tu aqui já viste?

o senhor Mertin descesse do escadote a procurar as lentes no bolso da camisa, aproximasse o nariz a verificar melhor, concordasse

– Pois é

e se estendesse ao comprido entre as mesas do pequeno-almoço, de mãos cruzadas na barriga, a anunciar

– Um desastre de comboio, morri

com o escadote para ali sozinho, à espera, no ar de ofensa que os escadotes tomam quando não lhes fazem a vontade, e a senhora Mertin a vestir-se de viúva no quarto dos fundos, deixando os rebuçados de framboesa ao meu alcance. Gurlittstrasse, Gurlittstrasse, o senhor Mertin, todo martelos, a estremecer o hotel. Se pudesse escrever dessa maneira. Se cada palavra um prego, eu tac tac tac no papel e as palavras bem agarradas à folha de modo a que nenhum leitor as lograsse arrancar. Eu

tac

e uma frase, eu

tac

e nova frase, tudo perfeito, alinhadinho, sem necessidade de emendas, definitivo. Aqui em Lisboa a sombra das oliveiras sempre à direita, independente do sol. Dois rapazes no campo de básquete agora: a bola falha o cesto, bate no aro, ressalta. A casa amarela

(ou ocre)

a vibrar na luz. O domingo inteiro à minha frente, centenas, milhares de minutos estagnados. Se estivesses comigo. Se nós numa das marquises, numa das persianas dos prédios e eu ao ver-nos, de longe

– Somos nós

eu contente. Martela o teu romance, António. Não pares de martelar o teu romance. Às onze e meia levanto-me, visto-me, saio. Não é a Gurlittstrasse, não é Hamburgo: embora as gaivotas sejam quase as mesmas é em Lisboa que estou. Um domingo infinito de Lisboa. Ao contrário dos dias da semana semáforos eternamente verdes, roupas diferentes, mais crianças: algumas com balões, um menino que não consegue pedalar o triciclo. Os sujeitos da droga a arrumarem automóveis:

– Ó chefe

um deles magríssimo, a tremer, com uma ferida no queixo, uma rapariga a encaixar o filho no banco traseiro: usa calças justas, uma argola no umbigo, o cabelo move-se independente dela, com uma vida própria. Nem me vê. O porta-chaves com uma pata de coelho, a carteira a baloiçar do ombro. O filho, esse, vê-me: os charcos das pupilas dele em mim. Fixas, densas. O magríssimo insiste

– A moedinha, menina

afasta-se a moer lamentos, coçando-se. No interior da minha cabeça os áceres de Hamburgo

– Pois sim

quase prateados, tão bonitos. A Maralde, a minha tradutora, sorri, e o sorriso distribui-se pelas feições, as sobrancelhas, o nariz. As gaivotas. Tira um rebuçado de framboesa do prato do senhor Mertin e o sorriso tinge-se de infância. Na Gurlittstrasse chove mas é uma chuva leve, clara. Se calhar sou feliz. Não contente: feliz. Agarro no martelo e prego a felicidade

(tac tac)

a mim.

UMA VIA LÁCTEA DE GALOS

E, de manhã, tínhamos os galos. Uma Via Láctea de galos, neste quintal, no outro, junto à vinha do presidente da Câmara, mais adiante, no sítio dos ciganos, com rulotes e mulas e trapos pendurados e discussões à noite, de forma que o único sem cantar era aquele que a minha avó segurava pelas asas para lhe cortar o gasganete, e o bicho, sem cabeça, a remexer-se, activíssimo. Depois desistia, depois a minha avó despia-o e o galo afinal esquelético, duas, três penas castanhas e azuis permaneciam a bailar no pátio, às vezes sumiam-se a tremer por cima das nespereiras, cheguei a recuperá-las, séculos depois, na lama do inverno, sujas, sem cor alguma, reduzidas a meia dúzia de filamentos tristes. Portanto, de manhã os galos, o gato a escorrer a sua seda furtiva no intervalo dos móveis: se me chegava a ele tornava-se dúzias de unhas que assobiavam uma chaleira de ódio antes de se transformar num pulo, deixando de existir a meio do salto. Os galos, o gato, eu a avançar com a muleta porque o joelho murchou. Encheu-se de água, o enfermeiro deu-me uma injecção e os ossos secaram: recusam dobrar-se mas não sofro muito com isso e a muleta, além do mais, dá-se ao respeito. Conheço vários que me invejam, fico importante e trágico como um soldado que sobreviveu à guerra, as mulheres gostam de acompanhar comigo, sobretudo a viúva do despachante: de quinze em quinze dias encosto-lhe a muleta à cabeceira, resolvo o assunto, fumo um cigarrinho e andor. A minha avó

– Cheiras a drogaria que tresandas

dado que não é grande espingarda em perfumes franceses, dos caros, dos finos, que a viúva comprava em garrafões na drogaria, com o rótulo made in Paris e a torre Eiffel por cima dos Jerónimos. Com os trocos do perfume abastecia-se de pó-de-arroz em caixinhas de folha com Napoleão na tampa, isto é uma palma na barriga e um bivaque atravessado. A minha avó indignava-se porque as nódoas do pó-de--arroz Napoleão eram dificílimas de tirar do colarinho, quer-se dizer saíam com facilidade das bochechas da viúva para a camisa, a viúva tornava-se pálida e com rugas, quase mãe dela mesma, mas largarem a popeline está quieto. Sem o pó-de-arroz a viúva parecia um drácula na aurora, toda olheiras e pêlos, e, graças às olheiras e aos pêlos, dei conta que apesar da muleta eu não faria má figura numa corrida de velocidade: há certos estímulos a que as muletas respondem, de modo que chegava a casa a tempo da Via Láctea dos galos e da minha avó a censurar-me

– Vens do espantalho, não é?

com a faca esquecida a meio de um gasganete na agonia. O gato, que em geral não me ligava nenhuma, aproximava-se a farejar-me, interessado: sacudia-o com a muleta antes da chaleira e das unhas.

Quando penso nessa época acho que podia ter sido feliz. A viúva tratava-me por

– Meu pombinho

dava-me chá de macela, volta não volta enfiava-me uma nota no bolso, juntamente com um bilhetinho simpático assinado com o nome completo, trazia a campa do despachante num asseio que dava gosto e quando eu chegava voltava-lhe, por delicadeza, o retrato para a parede:

– Nunca se sabe

explicava ela e nesse ponto dou-lhe razão: nunca se sabe de facto e há mortos que não brincam em serviço. Pelo sim pelo não continuo a evitar o cemitério. Podia ter sido feliz. A minha avó e a viúva foram-se embora uma atrás da outra, no espaço de um mês, a minha avó de um problema no sangue, disse o médico, que a envenenou e a tornou negra num instante, a mostrar-me os carvõezinhos das mãos e a gritar

– Olha isto

a viúva porque o garrafão de perfume francês caiu, em má hora, de uma prateleira alta. O cabo da Guarda desconfiou de mim

– Foste tu com a muleta?

por a ter encontrado na cama com uma camisinha azul transparente e a boca, coitada, tentando um

– Meu pombinho

derradeiro. De garrafão espalmado na cara não se lhe notavam as rugas nem os pêlos: colocaram-na ao lado do despachante que parece não a ter recebido mal. Eu fiquei por aqui mais os galos. Uma Via Láctea de galos neste quintal, no outro, junto à vinha do presidente da Câmara, mais adiante, no sítio dos ciganos, com rulotes e mulas e trapos pendurados e discussões à noite. A rua foi deixando de cheirar a perfume francês, nunca tive as camisas tão limpas. De tempos a tempos o cabo da Guarda para mim

– Empurraste o garrafão com a muleta, diz lá

e, embora já não faça diferença, eu moita. Podia contar-lhe que não aprecio que me tratem por

– Meu pombinho

mas moita. Sento-me no jardim a assistir às abelhas, o cabo da Guarda cala-se. Dúzias de abelhas. Quais dúzias: centenas. Só tenho medo que a minha avó me apareça, toda negra

– Olha isto

a mostrar-me os carvõezinhos das mãos, e me corte o gasganete de um golpe. Não acredito: tirando as manchas do pó-de-arroz Napoleão não nos dávamos assim tão mal.

A HARMONIA DO MUNDO

Temos as nossas coisas, claro, mas damo-nos bem. Impaciências de vez em quando, discussões, problemas sobre quem leva o cão à rua, nada de importante, acho eu. O cão chama-se Nero e é cego de uma vista: a idade, diz o veterinário, o meu marido acha que diabetes como a tia dele, fechada em casa a palpar o nada com os dedos. Ao visitá-la pensamos sempre que não está porque não acende a luz, move-se no escuro a perguntar quem é. As pálpebras não piscam, duas bolas cinzentas giram-lhe na cara. A mim, mete-me impressão e faz-me medo. E depois a gente sentados à sua frente e ela de queixo levantado, a sorrir sem acertar connosco. O sorriso anda por ali, ameaçador, e do sorriso sai uma voz aos gritos. À despedida dou-lhe um beijo o mais depressa que posso e afasto-me logo. Às vezes, ao afastar-me, aleijo a perna numa esquina de móvel.

– Não se esqueçam de apagar a luz

previne ela aos berros, a diminuir no xaile. E fica nas trevas, muito quietinha, de nariz ao alto, a sorrir para ninguém. Uma das questões que tenho com o meu marido são as visitas à diabética. Parece que ajudou a criá-lo, se interessava por ele em criança e o meu marido,

parecendo que não, é uma pessoa grata, debaixo daqueles modos e daqueles resmungos. Sempre o conheci a resmungar, sempre o conheci
zangado e no entanto, mesmo zangado, há uma espécie de soluçozinho dentro da zanga a pedir

– Ajudem-me

e, ao conhecê-lo, acho que foi esse soluçozinho que me cativou.
Apresentaram-nos, o meu marido rosnou

– Muito prazer

eu, que para certos assuntos até parece que nasci com antenas, per-
cebi logo o

– Ajudem-me

por baixo do

– Muito prazer

isto em maio, sete de maio, e a dezanove de outubro estávamos na
igreja, a família dele, a minha, a aliança a apertar-me que tivemos de
alargar, a tia do meu marido que ainda via um bocadinho a compor-
-me a gola, de sobrancelhas franzidas para me distinguir e eu a desejar

– Não me toque.

Há um álbum cheio de fotografias, para além das duas emoldura-
das na sala e da outra, mais pequena, na cómoda do quarto: de tempos
a tempos tiro o álbum da gaveta, cada retrato protegido por uma folha
de papel de seda, eu magra, de cabelo escuro, com óculos diferentes
destes, o meu marido de jaquetão que não ficou bem nos ombros

(o esquerdo mais largo que o direito)

e sapatos arrebitados na biqueira, dá-me ideia que os sapatos igualmente

– Ajudem-me

(o jaquetão calado)

o meu marido, que gosta de passear no álbum comigo, roça sem
querer

(sem querer?)

o cotovelo no meu, acho que tive sorte em encontrá-lo, temos as nossas coisas, claro, mas damo-nos bem, problemas sobre quem leva o cão à rua, nada de importante, graças a Deus, acabando o álbum guardo-o na gaveta, ele vai buscar a trela, prende-a na coleira, sugere da porta

— E se passeássemos o cão juntos?

troco os chinelos pelas sandálias de verniz, tiro a bata de fazer os trabalhos em casa, ponho um bocadinho de baton, descemos a escada ao mesmo tempo, a trela é daquelas que se estende e encolhe, felizmente temos a praceta perto, o cão detém-se em cada tronco, em cada arbusto, a cheirar tudo o que lhe aparece à frente, o meu marido bate com o pé no chão a afugentar os restantes cães, o cão levanta a pata a fim de anular os outros cheiros com o cheiro dele, gosto das árvores, gosto do sol, deste princípio de primavera ainda fresco, quase inverno mas com um cheiro diferente, sinto-me mais leve, a sério, a perna recorda-me a artrose e contudo pode dizer-se que não coxeio, este Natal comprámos um frigorífico novo e aposto que temos muitos anos à frente para gozar o frigorífico, maior que o antigo, com uma parte em baixo que é uma arca congeladora, no Natal a seguir a este há-de ser uma máquina de lavar que não estrague tanto as camisolas, no caminho da volta aperto o braço do meu marido, gosto das árvores, gosto do sol, o meu marido, que é tímido, fica com o braço rígido

(aflige-se sempre quando sou terna com ele)

prometo que não protesto com a tia dos diabetes, lhe levo uma prenda ou assim, um bibelot, um naperon, não pode vê-los mas pode tocar-lhes, protestar

— Não devias ter-te incomodado, rapariga

a percorrê-los e a percorrê-los com os dedos, quase tão feliz quanto eu, quanto nós, que havemos de ter muitos anos à frente para gozar o frigorífico, a máquina de lavar, o chão da sala em tijoleira

(não dispenso o chão da sala em tijoleira)

e a gente os dois no sofá, comovidos com o álbum, enquanto o cão ladra mal um vizinho na escada, a prevenir-nos que há pessoas lá fora, no silêncio do meu marido um soluçozinho que nem se nota, no soluçozinho

– Ajudem-me

e eu satisfeita, é evidente, por lhe fazer companhia, por sorrir de leve a garantir

– Estou aqui

jurando para mim mesma, a limpar os pulmões, que não o deixo sofrer.

O CÉU ESTÁ NO FUNDO DO MAR

Estou a traçar uns riscos distraídos na toalha de papel do restaurante e de súbito oiço

– Faça-me um desenho, pai

à medida que duas miúdas se inclinam para a mesa, e de súbito
oiço (é domingo de Páscoa)

o meu avô convidando-me

– Procura os ovos no jardim

ovos de chocolate com amêndoas dentro, escondidos nos canteiros, quer dizer mal escondidos para que eu possa descobri-los, o sol
nas árvores, na relva, nas cadeiras de lona, na superfície do lago

(peixes lilases, brancos, quase transparentes às vezes)

o roseiral ao fundo, o moinho da rega, o mundo novo como uma
moeda que se esfregou nas calças, quais doenças, qual morte, em Nelas
havia um juiz velhote

(acho que um juiz)

que se gabava de parar o pensamento

(se não era juiz era coronel ou assim)

tudo tinha um cheiro de vida, os ovos da Páscoa não na Beira, em

Benfica, e de súbito a minha idade deste ano, o que sou hoje, um restaurante de pescado em Setúbal com pessoas à espera de vez para sen-
tarem-se, crianças tenebrosas correndo aos gritos entre as cadeiras,
incansáveis, os olhos do pescado a fitarem-me da travessa, suplicantes

(que pretendem de mim?)

uma cadela no cio seguida de uma matilha de gulosos, um deles
minúsculo mas cheio de apetites, coitado, principio o desenho que as
miúdas me pediram, quando desenho a evidência que sou canhoto
surpreende-me sempre, principio uma casa

– Antes prefiro um palhaço

principio um palhaço, obediente, o nariz redondo, a boca enorme,
vem-me à ideia a Isabel em Londres, apetece-me chamá-la sem telefone, sem nada

– Isabel

e em lugar de chamá-la aperfeiçoo o palhaço, meias de riscas, sapatos gigantescos, o que estarás a fazer agora, Isabel, o sujeito da mesa ao
lado, que me reconheceu, inclina-se para a toalha de papel a acotovelar
uma esposa toda anéis, a esposa inclina-se também, a sorrir, com um
dente postiço à frente, escondo o palhaço com a palma em concha, o
que procurava ovos de Páscoa, há muitos anos, teria prevenido logo

– Este palhaço não é para si

o que sou hoje, e não procura ovo algum, finge não dar conta dos
adeptos, uma das miúdas afasta-se da mesa

– Esse palhaço é feio

e esquece-me, a quantidade de gente que se calhar esqueci dói-me,
tento lembrar e surge o Marciano a estrangular passarinhos entre o
indicador e o médio

– Não faça isso senhor Marciano

e o Marciano ri-se, pegava na mangueira, de botas de borracha até
aos joelhos, e distribuía a água, em leque, com o polegar, o juiz

– Consigo parar o pensamento

e a minha família assombrada, dou-lhe um bigode e uma barbicha como dantes desenhava óculos nos reis dos livros de história, tome lá D. João V, tome lá D. Pedro II, a cadela com cio trotou aí a uns dez metros de mim, carregando-se a si mesma numa pressa atribulada, o minorca da matilha tentou um pulo esperançado, calculou mal a distância, ficou a ver navios, um rafeiro gordo destruiu-lhe a conquista numa arremetida invejosa, o Marciano a exibir-me um pardal morto

– Olhe

e um embrulhito de penas, vontade de vomitar, de chorar, detesto o Marciano, ovos de chocolate com amêndoas dentro escondidos nos canteiros, amêndoas amarelas, azuis, encarnadas, quando serei capaz de começar outro romance, anda uma coisa a palpitar-me por dentro, ainda vaga, imprecisa, começar a escrever em junho, ou seja esvaziar--me, a partir de maio, de tudo o que não seja livro a fim de ver o que dá, preparar os blocos, as canetas, o caderno de almaço azul para as frases de apoio, esquemas que me servirão para os recusar até que o texto ganhe força sozinho, as esferográficas trazidas dos hotéis, à espera numa caneca de vidro, deixar umas seis crónicas feitas dado que os primeiros capítulos me requerem inteiro na mira de acertar com a direcção das palavras, não acho os ovos no jardim e alguém

(quem será?)

a orientar-me

– Frio, morno, quase quente

a pena que não me tenham orientado dessa forma no resto, a certa altura a língua começava a perceber o rugoso da amêndoa no interior do açúcar, o juiz contemplava a minha família, de pensamento parado

– Não notam?

isto é a cara dele igual, solicitando

– Acreditem-me

a mulher do juiz encolhia os ombros, resignada, faltava-lhe a última falange não sei se na mão direita se na esquerda

– Em qual das mãos lhe falta a falange, dona Ester?

e ela a atar as mãos uma na outra, envergonhada, a dona Ester trotando nos Quatro Caminhos seguida por uma matilha de juízes de pensamento parado

– Não notam?

sumindo-se, aos poucos, no murmúrio do pinhal, quem não guarda na boca o gosto das amoras, o do vento à tarde, o do comboio da hora do jantar, em baixo, entre pinheiros, o juiz secando bochechas no lenço

– Isto de parar o pensamento cansa

as suas mãos completas, estendia-me a direita

– Ora dá cá uma bacalhauzada cachopo

como se o cachopo fosse crescido, uma bacalhauzada de homem, as pás do moinho da rega giraram com mais força, uma tarde vi um enterro de menino, de caixão aberto, e fiquei a tremer que tempos, aflitíssimo, até que me explicaram que não era eu.

O PRÓXIMO LIVRO

O próximo livro começa a chegar devagarinho. Por enquanto é uma sombra difusa, nem palavras tem, uma espécie de segunda atmosfera que a pouco e pouco me rodeia e onde distingo a custo farrapitos de vozes, cheiros, sons, parte de uma pessoa que dá ideia de se aproximar e em lugar de se aproximar desaparece, fico à espera e não volta, zonas da minha cabeça deixam de me pertencer, vagueiam ocupadas não sei bem com quê, a mão de tempos a tempos mexe-se sozinha como se escrevesse

(olhando-a pára)

coisas dentro de mim que se detêm, se examinam, parecem reflectir, uma mudança também no meu corpo, os dedos, por exemplo, com uma atenção diferente, os olhos minuciosos, preocupados com o que não me interessa, certos vincos da memória de súbito vitais

(vincos em que não atentara)

o coração mais lento ou mais rápido

(metade dele não meu)

não no peito, a pulsar ao mesmo tempo

(difícil explicar isto)

no interior das costelas e fora delas, o início de um livro traduz-se em sinais físicos, uma alteração no raciocínio, uma sensibilidade maior ao frio, às arestas, às cores, uma espécie

(se assim me posso exprimir)

de alerta sonolento, uma indiferença em relação ao quotidiano, na cara da barba da manhã não feições inesperadas, as minhas porém como que boiando na pele

(barbeio quem?)

a impressão

(difícil explicar isto)

de me recapitular, me passar em revista, coleccionar inutilidades, frases truncadas, ditongos, uma ondulação que se vai precisando, crescendo, em cada ondulação letras

(não palavras, letras, por enquanto não palavras, letras)

números que devem ser os números dos capítulos mas podem ser personagens, podem ser anotações que não entendo ainda, deixo de ler para passear nas páginas alheias, simultaneamente aborrecido e interessado, em Oblomov, nos diários de Cheever

(uma página de boa prosa é aquela onde se ouve chover)

nos versos de Wallace Stevens e nada fica salvo uma perplexidade, um não é isto, a biografia de Thomas Mann faz-me repugnar o homem, na primeira versão da Guerra & Paz, agora publicada, animam-me alguns procedimentos técnicos, fico a estudar-lhe os desenvolvimentos, os modos, volto a Conrad para assistir ao meter de uma narrativa dentro de uma narrativa dentro de uma narrativa, penso na minha maneira de solucionar isso, comparo, meço, experimento mentalmente outro caminho, um jogo de xadrez no fundo, que abertura, que variantes, que escolhas, que sacrifícios da dama, abandonar a minha querida e fora de moda defesa indiana do rei e espalhar as peças a campo aberto, escrever é tentar vencer Deus a toda a largura do tabuleiro, apetece-me fantasiar um livro grande, hesito, grande ou então comprimi-lo por eliminações sucessivas, tenho quase tudo o que diz respeito ao livro ou seja não tenho nada, sou um cego de mãos vazias a tropeçar, onde se espera que haja um degrau não há degrau nenhum, onde se tem a certeza que degrau nenhum o pé a aleijar-se na madeira, talvez dentro de dois, três meses, consiga, por que carga de água um livro demora tanto a fermentar e, para mais, acho que ainda não reuni a força física necessária para uns vinte meses de corpo a corpo com o texto, a força física, a perseverança, a teimosia, com o último pensava

– Não me vou deixar vencer por um romance

e sentia-me derrotado dia a dia, ganas de destruir as páginas

(– Lixo!)

e, vai na volta, era aquilo, exactamente aquilo que eu queria e não dava fé de ter encontrado, era aquilo, preparar-me para as decepções, os entusiasmos, os desânimos, as escolhas erradas, para aguardar que o romance se forme como lhe aprouver

(raio de verbo, aprouver)

um romance tem o seu carácter, a sua fisionomia, o seu temperamento que não são os meus, aceitá-los

– Não és eu, pronto, acabou-se

e aceitá-los custa, oxalá em junho isto marche, se ponha a caminhar na dificuldade dos mecanismos longamente imóveis, aceitar o mecanismo longamente imóvel

– Aceito-te

olhar a janela e o sol lá fora, o mundo em ordem, casas, árvores, gente, uma rapariga a pentear-se à janela numa atitude de cântaro e se for capaz, no papel, da perfeição daqueles gestos talvez consiga, talvez possa, um homem toca no ombro da rapariga, os braços baixam, o cântaro desaparece e não faz mal porque já entrou no livro e me espera.

CORAÇÃO DO DIA

O poeta Eugénio de Andrade está muito doente. É meu amigo e não tenho coragem de o visitar. Quando ia à sua casa, no Passeio Alegre, um espaço de cuidadosa brancura diante das palmeiras e do mar, recebia-me com vinho fino, biscoitos, livros, pequenas atenções que me tocavam, conforme me tocava a sua delicadeza, a sua fidalguia. A mesa de mármore para escrever. Nunca me disse mal de ninguém e a vaidade que o habitava, tão ingénua, comovia-me. Em certo sentido conservou-se sempre um camponês da Beira Baixa natal, feito de puerilidade e manha, gerindo ciosamente a sua obra a fingir-se desinteressado, distantíssimo e, no entanto, alerta como um coelho bravo. Escrevemo-nos durante anos, falávamos ao telefone com frequência, a sua ternura com as minhas filhas comovia-me. E, periodicamente, vinham versos, livros, retratos dedicados, o seu rosto a carvão pelo escultor José Rodrigues que, como dizia, «sabe a minha cara de cor». Pediu-me para fazer uma sessão de fotografias com ele: e Dario Gonçalves, pessoa muito querida sua, veio com a máquina. O Eugénio pediu-lhe um momento, desapareceu, e regressou, todo pinoca, para os bonecos. Ele mesmo escolheu os ângulos, as posições: e lá fiquei, sentado, com o

Eugénio de pé atrás de mim, a mão espalmada no meu ombro, naquela pose para o Futuro que gostava de assumir. Normalmente falávamos de poesia, pedia-me que lhe lesse o que compunha, discutíamos as correcções que ele encaixava a cada edição nova e que, por vezes, me não agradavam: aceitava as críticas numa humildade de criança apanhada em falta, experimentávamos outras palavras, repetíamos tudo. A sua solicitude e a sua ternura em relação a mim eram infinitas. Já doente e estando eu em Roma para um prémio, o padre e poeta José Tolentino Mendonça, que ele apreciava grandemente e é um dos poucos homens que admiro e respeito, contava-me que o Eugénio o chamava, preocupado que eu estivesse bem. Punha, na camaradagem, um desvelo fraterno, ainda que fosse um homem rugoso, cheio de caprichos, capaz de uma violência fria, insuportável para quem não estimava, e de uma coragem física que, em geral, se não lhe adivinhava. Dele recebi durante anos e anos inúmeras provas de estima. Censuro-me não o visitar agora: é que não suporto vê-lo acabar assim, reduzido a um pobre fantasma titubeante. A ele, que tanto prezava a beleza e a sua própria beleza

(o Eduardo Lourenço, amigo de ambos

— E então chegou-nos a Coimbra aquele Rimbaud)

a doença resolveu destruí-lo no que mais lhe importava, tornando-
-o um Rimbaud desfigurado, dependente, trágico, o «cesto roto» que Cesário Verde, uma das suas paixões, evocava a respeito de si mesmo, enquanto a tuberculose o «escangalhava»: «Entra-me a chuva, entra-
-me o vento no corpo escangalhado». Ao Eugénio prefiro lembrá-lo como o conheci: orgulhoso, altivo, falando-me de jacarandás e frésias, amando

(e era verdade)

o «repouso no coração do lume». E, depois, havia pequenos actos que o definiam inteiro: uma das ocasiões em que fui ao Porto encontrei um livro de Jorge de Sena, um livro póstumo, horrível, em que Sena atacava companheiros de viagem (Cesariny e Vitorino Nemésio, por exemplo, muito melhores artistas do que ele) de um modo tão vil que me indignou. Referi o livro ao Eugénio. Ele ficou longamente em silêncio e depois tirou o seu exemplar de baixo de um móvel e pousou-o no sofá. Segredou

— Tinha-o aqui escondido, sabe, porque não queria que pensasse mal do Jorge.

Eu nunca conheci Jorge de Sena e no entanto na boca do Eugénio era sempre o Jorge, tal como, para o Zé Cardoso Pires, Alves Redol era sempre o António, Carlos de Oliveira o Carlos, e tão-pouco conheci Redol ou Oliveira. Mas este acto do Eugénio define-o bem: a defesa intransigente daqueles que amava, a sua preocupação em cuidar-lhes do perfil com um carinho idêntico ao que punha no cuidar do seu. Tinha a paixão da amizade, que poucos lhe mereciam, aliás, e uma rara, permanente fidelidade a ela. Reparo agora que estou a relatar tudo isto no passado, como se o Eugénio tivesse morrido. Talvez porque o homem que continua vivo não é ele. Talvez por pudor meu. Talvez porque o fim de um amigo me seja difícil. Talvez porque me custa não vir abrir-me a porta se tocar à campainha, subir as escadas e dar, nas paredes, com múltiplas representações suas por múltiplos pintores, dúzias de Eugénios, a preto e branco, a cores, a aguarela, a óleo, a lápis, Eugénios de todas as idades, aparências, feitios, de qualidade variável, bons, maus, assim-assim, as dúzias de Eugénios, obsessivamente repetidos de que o encantava rodear-se. No meio de tanto Eugénio imóvel só ele se mexia. Deixava escapar para um, para outro, um soslaiozinho satisfeito, contente de ser vinte, de ser trinta, de ser quarenta, de ser uma multidão de criaturas que formavam uma espécie de guarda de honra à sua volta, à medida que desrolhava o vinho fino, me servia um cálice

— Não posso beber

me chegava um guardanapo de linho ofuscante, um prato de biscoitos, taças de bombons, anunciava

— Comprei-os para si

ocupava a poltrona puxando a manta sobre os joelhos

— Este frio

relanceava as árvores, as ondas, gaivotas cinzentas que gritavam, sacudia a mão num gestozinho precioso de prestidigitador e adiantava o peão do rei do início de uma frase. Duas ou três horas depois acompanhava-me à saída como se avançássemos em corredores de palácio. E de certo modo aquele edifício pequeno era de facto um palácio. O seu palácio e ele um velho conde entre cortejos de glórias inventadas e reais. Quanto mais inventadas mais reais. Da rua, as janelas acesas pareciam mostrar uma casa vazia. Antes assim: se topasse alguém nas cortinas não saberia distinguir se era o Eugénio ou uma das suas representações encaixilhadas quem me acenava de cima. Ou então ele só existia quando estávamos juntos. Se não estávamos suponho que não passava de uma das palmeiras do Passeio Alegre, dobrando-se para a direita e para esquerda consoante o vento e os borrifos do mar.

SÓ OS MORTOS CONHECEM MAFRA

Ainda hoje me aborrece passar por Mafra, que não tem culpa nenhuma, Mafra e aqueles arredores todos por onde andei, de cadete, nos primeiros meses da desgraça que me levou, em paquete de luxo, para os tiros de África. Suponho que foi o inverno mais horrível da minha vida, janeiro, fevereiro e março ao frio e à chuva entre o convento gelado a que chamavam Escola Prática de Infantaria, a tapada na qual se dizia que o Presidente da República ia aos veados e as torturas militares até à foz do Lizandro. Eu compreendo que seja necessário treinar com dureza os alunos oficiais para a guerra mas custa-me entender a crueldade de alguns instrutores. Também compreendo que os ditos instrutores eram tão infelizes quanto nós mas custa-me entender a violência desnecessária, a humilhação estúpida, as condições de vida degradantes. Com uma estrela no ombro e L. Antunes cosido no uniforme passei uma fominha de cão: café com leite em pó, um pacote minúsculo de manteiga a dividir por oito. O alferes de pé, braços cruzados, ordenando

– Rastejar até mim

isto é até lhe tocarmos nas botas, uns por cima dos outros na lama das veredas. A falta de água que me fazia passar a semana inteira sem banho, o cheiro pestilencial das casernas, a brutalidade constante, nós sujos, desesperados, exaustos, o alferes a perguntar

– A tropa é linda?

e a gente em coro, jurando-lhe pela mãezinha

– É

O alferes a perguntar

– A tropa é boa?

e a gente com vontade de esganá-lo

– É

o alferes a insistir

– Mais alto

e a gente mais alto

– É

O alferes

– Angola

e a gente em coro

– É nossa

num mugido de raiva, o major que nos estudava o aspecto na parada, passando um cartãozinho na bochecha a verificar a perfeição da barba. Se o cartão fazia

– Trrrrr

o major informava o capitão

– Este cadete não tem fim de semana

eu dentro de mim

– Hei-de vingar-me do sacana nem que espere mil séculos

quando o major um desgraçado igual à gente, um prisioneiro igual à gente, mal pago, mal vivido, com seis anos de África no bucho, ainda hoje me aborrece passar por Mafra, todas aquelas ladeiras, todas aquelas ruas, sargentos na secretaria a escreverem numa caligrafia difícil, corredores bolorentos, meia dúzia de urinóis se tanto para uma companhia inteira, o mijo a escorrer pelo chão, chamadas aos gritos a meio da noite

– Dez minutos para formar na parada

não, não dez

– Cinco minutos para formar na parada

o soldado português é tão bom como os melhores, Portugal uno e indivisível do Minho a Timor, saltar o muro, saltar a vala, saltar os dias, se falhas nas provas físicas vais para soldado, não esquecer a arrogância, o abuso constante, a maldade e não esqueci, não vou esquecer nada, Angola é nossa, rastejar, rastejar, chuva civil não molha militar, ainda hoje não passo por Mafra, dou uma volta ao lado, não encontrei um único cadete que fosse filho de uma pessoa importante da Ditadura, um deputado, um ministro, um banqueiro, esses não eram obrigados a rastejar, rastejar, a tocar as botas do alferes, a comer o lixo do refeitório, a minha cabeça, sempre

– Porquê?

a minha cabeça, apenas

– Porquê?

engraçado como sobrevivemos a tudo, resistimos a tudo e quase logo a seguir eu oficial também, pronto para o barquinho de África de galões nos ombros, novos em folha, a minha cabeça, sempre

– Porquê?

a minha cabeça, apenas

– Porquê?

insistindo

– Em nome de quê, porquê?

e de novo janeiro e frio e chuva, a foz do Lizandro de madrugada, imprecisa, uma laranja, uma lata de conservas, os meus dedos com dificuldade em retirarem a casca, cadetes, em lugar de gaivotas, espalhados na praia, transidos, um solzinho pálido a desfocar-se, poisar a arma, o pano de tenda, o cantil, morder a casca, o sumo ácido, só os mortos conhecem Mafra, escutam-se os passos dos defuntos nas lajes do convento, o cadete L. Antunes a subir as escadas na direcção da camarata, aí vai ele, se entrasse lá agora encontrava-o, ordenava-lhe

– Dez minutos para formar na parada

não, não dez

– Cinco minutos para formar na parada

e ficava a vê-lo correr para a chuva, janeiro, fevereiro, março, o ca-belinho rapado, os dedos vermelhos que nem com uma laranja acer-tam, o cadete L. Antunes

– Porquê?

O cadete L. Antunes apenas

– Porquê?

a cara dele

– Porquê?

e claro que não respondo, se respondesse tinha de dizer-lhe

– Também não sei

e um oficial, é evidente, não pode dar parte de fraco diante de um recruta de merda.

CRÓNICA QUE NÃO ME RALA UM CHAVO COMO FICOU

Hoje vi um senhor de idade a chorar no restaurante. Levantou-se da mesa em que estava sentado com outras pessoas, tirou o lenço do casaco e principiou a chorar. Não era um mendigo, não era um doente, não era um vagabundo: era um senhor normal, sentado quase à minha frente, interrompeu o almoço para atender o telemóvel e nisto poisou o telemóvel, levantou-se e principiou a chorar. Lágrimas verdadeiras, grandes. Um homem alto, encorpado, calvo, a chorar. Roupa comum, casaco, camisa, essas coisas, a limpar os olhos com o lenço, de ombros a tremerem, incapaz de suster-se. Os clientes continuaram a comer fingindo que não viam, os empregados passavam com as travessas fingindo que não viam, eu comecei por fingir que não via e depois já não era capaz de fingir que não via e depois parei de comer e depois pensei

– Vou ter com ele

e não fui, claro que não fui, sou cobarde, enquanto as pessoas que o acompanhavam tentavam levá-lo para a rua sem conseguirem, um homem forte, encorpado, difícil de deslocar sobre as pernas afastadas, sem olhar para ninguém, a chorar não se escondendo no lenço, limpando os olhos apenas, as duas mãos apertavam o lenço na cara, ao deixarem de apertar via-se o brilho das lágrimas, a fralda da camisa soltou-se do cinto sem que o senhor reparasse, não lhe importava a fralda da camisa, não lhe importava fosse o que fosse, isto sem ruído, sem gemidos, sem soluços, apenas os olhos grossos, enormes, cegos, de pálpebras vermelhas, diz-se que quem chora tem as pálpebras vermelhas e ele tinha, vermelhas, inchadas, todos os lugares-comuns que quiserem, não me importa, hoje no restaurante vi um senhor de idade a chorar enquanto os outros mastigavam, mastigavam, enquanto os empregados entregavam travessas e recolhiam travessas, enquanto um casal que me reconheceu cochichava sobre mim, hoje no restaurante, dia não sei quantos de outubro, à uma e tal da tarde, quase duas no relógio de parede, vi um senhor de idade, com a fralda da camisa fora do cinto, a chorar, levaram-no pela porta das traseiras, umas palavras, uns empurrões brandos na direcção da saída, um braço pelos ombros, hoje no restaurante vi um senhor de idade a chorar abandonado ao seu desgosto, não se ralando com os outros ou o que pensavam dele, um homem alto, calvo, roupa comum, casaco, camisa, essas coisas, o pouco cabelo que tinha despenteado, os dedos a falharem o lenço, setenta anos, setenta e tal anos, os sapatos mal engraxados por sinal ou então seria da chuva, da lama no passeio, pingos de lama, um ou dois pingos nas calças, com a chegada do outono é sempre assim já se sabe, hoje, no restaurante, dia não sei quantos de outubro, não reparo nos dias, uma e tal no relógio de parede eu que não uso relógio, uma e tal, duas horas no relógio de parede, os relógios dos restaurantes em geral mais ou menos certos, um bocadinho adiantados, um bocadinho atrasados, coisa pouca, sem importância, uma questão de minutos, hoje no restaurante nem caro nem barato onde peço sempre a mesma coisa na ementa, nem é preciso pedir, o empregado já sabe, onde ocupo sempre o mesmo lugar junto ao balcão, hoje não sei quantos de outubro, não é importante, a quem pode interessar a data certa, não sei quantos de outubro, vinte e tal e um senhor a chorar, um senhor de idade a chorar, eu vi-o, encorpado, forte, o cinto castanho, a camisa acho que branca, cara larga, patilhas, vi um senhor de idade sem esconder as lágrimas, sem se preocupar em esconder as lágrimas, sem se incomodar que o vissem, a chorar, lágrimas gordas que limpava com o lenço, tanto lugar-comum de facto, tão mal escrita esta crónica, como fazê-la melhor, mais elegante, mais bonita, uma crónica que me não envergonhe, não desiluda os leitores

– Que porcaria de texto

e, como ele, não me importa, não me rala, quero lá saber, a única coisa que interessa, que verdadeiramente interessa, mesmo que me repita, escreva mal, tropece nas frases, faça erros, me engane, ponha aqui palavras que não valem um traque, me iluda no comprimento disto, não faça nada de jeito, uma prosa de meia tigela, sem sedução, sem graça, sem encanto, uma prosa de caca, não faz mal, a única coisa que interessa, que verdadeiramente interessa é que hoje, dia vinte e tal

(ignoro quanto o tal)

à uma e tal, quase duas, se calhar às duas horas da tarde, mais duas do que uma, a única coisa que interessa é que hoje no restaurante, um restaurante nem caro nem barato, médio, não longe da casa dos meus pais, no bairro onde cresci e no qual conheço quase tudo, as lojas, as casas, as ruas, as pracetas, a única coisa que interessa é que hoje, de tripas do avesso, não me levantando por cobardia, não me aproximando por ser reles, não lhe dizendo nada por timidez de informá-lo

– Estou aqui

e, se o informasse

– Estou aqui

de que serviria, a única coisa que me interessa, me perturba, continua comigo agora que é noite e escrevo estas linhas numa espécie de assombro, de piedade, de admiração, de ternura, de raiva, a única coisa que interessa é que hoje, exactamente hoje, há bocado, vi um senhor de idade, normal, não era um mendigo, não era um doente, não era um vagabundo, hoje no restaurante vi um senhor de idade a chorar.

O BOM FILIADO

Quando eu era menino, no liceu, obrigavam-nos a uma coisa chamada Mocidade Portuguesa, que incluía farda, marchas, discursos patrióticos e parvoíces correlativas. Chamavam-nos «filiados», e havia um livrinho ou opúsculo ou folheto com o desenho de um filiado feliz, de braço espetado à nazi

(a Mocidade Portuguesa incluía continências de braço espetado à nazi)

e junto ao filiado feliz as palavras «Mandamentos do Bom Filiado». Dez, claro. Como os da Bíblia. Lembro-me do Sétimo, «O bom filiado é aprumado, limpo e pontual», mas os meus problemas residiam no Primeiro, que ainda hoje me assombra. Rezava assim: «O bom filiado educa-se a si próprio por sucessivas vitórias da vontade», e eu quedava-me a repetir aquilo num esforço de compreensão que me esturricava os neurónios, só parecido com o embaraço que o padre da igreja introduzia no meu crânio ao pedir

– Meditemos agora na Paixão do Senhor

se inclinava, de olhos fechados, a meditar, e eu achava-me o pior dos imbecis porque não era capaz de meditar em nada e ainda menos na Paixão fosse de quem fosse. Bem me inclinava, bem fechava os olhos e a meditação não vinha. Vinham sono, aborrecimento, a ideia de uma menina de tranças, mas meditações peva. O Senhor lá estava na Cruz, por trás do padre, todo sanguezinho, todo coroa de picos, todo sofrimento, espetadíssimo em pregos, e aquilo que uma pobre alma de seis anos podia partilhar com Deus era a sua incompreensão e o seu tédio. Para quê tanto escuro, tanto drama, tanta tristeza, qual a intenção de me impingirem horrores de castelo fantasma, qual o motivo de me impedirem a alegria e a esperança? Tinha frio, tinha sono, tinha medo. O Diabo, de garfo e labareda, alarmava-me. E ainda por cima devia comer a sopa toda para o Senhor não chorar: que o Senhor derramasse lágrimas por um caldo verde excedia o meu entendimento. E como podia amar um Deus paradoxal, terrível nos castigos, mandando pragas e matando primogénitos, que juntava, a estas características de serial killer, prantos convulsivos de dor no caso de eu recusar a canja? A esta perplexidade a Mocidade Portuguesa achou por bem juntar aquele primeiro mandamento vigoroso e tremendo: «O bom filiado educa-se a si próprio por sucessivas vitórias da vontade», comigo a tropeçar no educar-me a mim próprio e, mais ainda, nas sucessivas vitórias da vontade. Como deveria fazer para me educar a mim próprio? Como raios se conseguem sucessivas vitórias da vontade? O que são vitórias? O que é vontade? Resolvi começar pelo aprumado, limpo e pontual, que se me afigurou mais fácil. O limpo e o pontual com algum esforço conseguia-o, o aprumado encontrei no dicionário, tudo coisas, aliás, em que o bom filiado se encontrava em sintonia com o Senhor, que portanto imaginei logo, de farda, espetando braços nazis. Talvez que o Senhor fosse aquele velho, de trinta ou quarenta anos, que mandava na Mocidade Portuguesa, vigiando-nos, no centro do recreio do liceu, com olhinhos severos, em sentido, marcial, duro, educado por si próprio, limpo, pontual, aprumadíssimo, com sucessivas vitórias da vontade no activo. Talvez que o Senhor fosse aquele velho, vírgula: o Senhor *era* aquele velho. A borbulha no queixo diminuía-lhe um pouco a majestade, sobretudo porque não parava de coçar-se, mas ninguém é perfeito e eu aceitava o acne divino com alguma dificuldade embora com compreensão. Aceitava o acne divino, aceitava a unha do mindinho a atormentá-lo, aceitava o tique que lhe arrepanhava a bochecha e alegrava-me não haver sopa nas redondezas para não lhe estimular as lágrimas, dado que me horrorizava a hipótese de o Senhor desatar em choros diante dos filiados, em pelotões perfeitinhos, confessando

– Não sou aprumado, limpo e pontual

admitindo

– Não me educo a mim próprio por sucessivas vitórias da vontade

a inclinar-se de olhos fechados numa meditação comprida, sem mandar pragas nem matar primogénitos, enquanto nós, os filiados, os bons filiados, de uniforme, barrete, cinto, toda aquela tralha, marchávamos perante ele no pátio do liceu, com um tambor e uma corneta à frente, a espetarmos o braço numa saudação viril, nós, os filiados felizes, recitando os Mandamentos em coro, tão limpos, tão pontuais, tão aprumados, saindo o portão a caminho da Praça José Fontana, com o seu coreto e o seu vendedor de castanhas, para além dos pombos municipais que fugiam esparvoados diante da nossa determinação bélica.

CRÓNICA PARA TOMAR

Agora, à noite, eu sozinho no silêncio da casa. Os livros tão quietos, as fotografias, os quadros, uma espécie de eternidade breve na lentidão do relógio. Luzes ao longe. Escrevo, como sempre que escrevo aqui, na mesa de comer. O estádio de futebol apagado, poucas lâmpadas nos prédios. Dói-me qualquer coisa atrás dos olhos, não bem dor, uma impressão. Pela janela aberta o som dos automóveis. Em baixo, no baldio, um cão principia a chamar, entre duas oliveiras e uma ruína: a ruína neste momento um novelo de sombras, de manhã um pedaço de muro. De quando em quando percebe-se o vento: não muito alto, um cochicho. Diz o quê? Apetecia-me que alguém cantasse, a voz de uma mulher como em Tomar, há muitos anos, andava eu na tropa. No sossego da messe de oficiais, a meio do escuro, a voz. Sentia-me bem em Tomar. O enfermeiro do Hospital da Misericórdia, cheio de gestos. As árvores. As árvores.

Em Tomar, num telhado vizinho, vi um pombo morrer. Em equilíbrio numa empena definhava dia a dia, arrepiado, aflito, despido de penugem. Uma tarde, de repente, pareceu amontoar-se, tombou. A impressão que digo isto para alguém que não conheço e no entanto existe. Como se chama? Alguém que compreende

– Ele disse isto para mim

ou não compreende, passa adiante, não liga. O pombo estremeceu no chão, ficou quieto. No largo do tribunal a conversa das folhas. Famílias depois de jantar, em agosto, tomando o fresco nas ruas. Casais. Uma velhota de bengala com uma velhota sem bengala. Num café de bilhares os doutores da terra. Parecia que os meus vinte e tal anos os ofendiam. Horas depois uma empregada da limpeza jogou o pombo no lixo. Pegou-lhe por uma asa e pronto. As professoras do liceu. Volta não volta o brigadeiro jantava na messe, penteadinho, perfumado. Dava ares de um jogador de póquer dos barcos do Mississípi, todo mãozitas subtis. E coronéis idosos, de férias com as esposas, tomando comprimidos a refeição inteira, preocupados com as traições do corpo. Uma das esposas verde. Não exagero: verde. A pele verde, um sorrizito angustiado, verde, um anel espalhafatoso, verde, no indicador. Embeiçou-se por um alferes e o alferes traiu-a ao transformar-se em coronel de movimentos perros, com um frasco de pastilhas na algibeira. No sorrizito dela uma pergunta:

– O que posso fazer?

E não pode nada, minha senhora, o seu tempo acabou. Não se zangue comigo, não tenho culpa, as leis da vida, compreende: o seu tempo acabou. Vai seguir mais um bocado na minha prosa e depois acaba igualmente. A esposa verde ficou quieta, de colher a meio caminho entre o prato e a boca. Igual ao pombo, as mesmas garrazitas inúteis, a mesma vacilação sem energia. Uma empregada há-de jogá-la no lixo e o coronel continuará a engolir os medicamentos, sem companhia, na mesa junto à porta.

Tomar. Camionetas da carreira, lado a lado, no aterro. O tribunal a cheirar a papel podre, a cartão bafiento. Funcionários alheados, arbustos que se agitavam como galinhas quando os galos as deixam, cacarejando folhas. O rio em agosto com centenas de peixes, canivetes só lâmina furando a água, até à superfície, para apanharem um insecto com os dois dedos da boca: o lábio de cima o indicador, o lábio de baixo o polegar. Os olhos deles imperturbáveis, gordos. Salgueiros reflectidos, mais autênticos que os salgueiros cá fora. Alugavam-se barquinhos, remava-se entre caniços, musgos. Não só a esposa verde, tudo verde, nunca pensei que o verde fosse tantas cores, nunca pensei que no verde todas as cores do mundo. Dúzias. Qual dúzias? Mil. O retrato, com uma farda número um emprestada, para o cartão de oficial. Uma dama de penteado barroco aceitou sair comigo

– Não é casado?

e não era casado

– Não tem doenças?

e não tinha doenças

– Não trouxeste preservativo?

e não trazia preservativo

– Prometes que tomas cuidado?

e prometi que tomava cuidado. Uma cicatriz na barriga que a tornava tão vulnerável, tão próxima. Isto no rés-do-chão de uma prima, à saída da cidade, na direcção da serra. A boneca que embelezava as almofadas não gostou de ser transferida para a cómoda, a fazer companhia a um touro de loiça com um dos chifres quebrado. Os pés dela, de unhas pintadas de azul:

– Nunca mais me queres ver, não é?

O que se responde a isto? A boneca e o touro furiosos comigo, à espera, e eu calado

– Não me respondes, tu?

Arrisquei uma carícia no braço, em silêncio, os pés logo

– Isso não é resposta

e voltei a cabeça fingindo não notar as lágrimas. Chamava-se Amélia, trabalhava num balcão, tinha o noivo na guerra, na Guiné:

– Vocês vão todos para a guerra, não se importam comigo

e mais lágrimas

– Não sabem fazer outra coisa a não ser guerras?

enquanto os meus dedos lhe iam consolando o braço, sem a

consolarem a ela. O cabelo, loiro, preto na raiz, a palma que poisou na minha coxa

– E quando vais para a guerra, tu?

à medida que a palma me encontrava. No tecto do quarto um lustre trabalhoso, fotografias na parede que tentei não cumprimentar. Se uma furgoneta passava na rua o lustre vibrava os seus pingentes: lágrimas também. A dama

– Some-te

com a atrapalhação enfiei as duas pernas na mesma calça, já amputado antes dos combates. Saltitei no tapete e ela nos lençóis a chorar. Ou era o touro que chorava, ou se calhar a boneca. Ou Tomar inteiro. Eu não. Eu um aperto, um sufoco

– Não sabem fazer outra coisa a não ser guerras?

Salgueiros reflectidos, mais autênticos que os salgueiros cá fora. Meti-me no automóvel. Não sei porquê custou a pegar. Ou sei porquê: não tinha força para rodar a chave. Há alturas, quando os touros e as bonecas choram

(não nós, claro, não nós)

em que não se tem força para rodar uma chave.

COR LOCAL

Não me apetece falar. Apetece-me estar assim, quietinho, nesta cadeira, de cotovelos apoiados nesta mesa, a beber este copo de água, a fumar este cigarro. Sem telefone, sem cartas, sem livros, sem o porteiro a anunciar

– Uma encomendinha para si

apenas esta cadeira, esta mesa, este copo de água que me ofereceram na bomba de gasolina, com a marca impressa. Hoje, quinta-feira, almocei com os amigos de sempre e nem um pio para amostra: caladinho. De súbito, sem me dar conta, via-os de maneira diferente, as conversas muito longe, numa língua desconhecida. Fazia um esforço para tomar atenção e era português, que esquisito. Um deles explicava

– A gaja que nem sonhe

e o resto na língua estrangeira de novo. A gaja que nem sonhe o quê? Quem seria a gaja que sonhava e quais os sonhos que lhe proibiam? O amigo acrescentou, respondendo a um dos outros

– Só se eu fosse parvo

e para mostrar bem que não era parvo afinfou uma palmada na toalha que desarrumou o cozido. A palmada convenceu os colegas que nem um pingo de parvoíce lhe enodoava a energia. Concordei, num gesto com garfo na ponta, antes que metade do cozido me pulasse para o empadão. Os dedos da palmada agarraram na faca; graças a Deus não a espetou em ninguém. Na minha diagonal uma mulher bonita, de aspecto sofrido, com a mãe e um filho. Não se interessava por ninguém, vazia por trás de uma expressão doce, amável. Ao levantar-se dei com um corpo espesso, sem graça, nádegas pesadas de tristeza que me lembraram almofadas ensopadas em lágrimas: se eu pudesse consolá-la de pura ternura, de puro dó. Consolá-la apenas, limitar-me a entregar-lhe o brinquedo que perdeu há muitos anos, em menina

– Tome lá

e ir-me embora. Um boneco, um anelzinho, uma preciosidade qualquer, fosse o que fosse capaz de impedir as nádegas da mulher bonita de ararem o chão do restaurante, a esperança que o corpo deixasse de a atraiçoar, lhe ser ingrato. Apertava as chaves do automóvel com força e, no entanto, que quantidade de infância naqueles olhos. O filho eriçado de brincos, de piercings, a avó a segui-lo numa repugnância alarmada. Como limparam os horizontes dei fé do casal a seguir, um homem com aspecto de bancário que dava ideia de contar notas ao tamborilar na mesa e a acompanhante que era o retrato vivo do Marquês de Pombal tal como está na estátua, a cabeleira, o nariz, os folhos. O Marquês de Pombal peixinho cozido. Pelo menos foi assim que o empregado lho apresentou

– O seu peixinho cozido, senhor Marquês

perdão

– O seu peixinho cozido, Madame

e o olho do peixinho fito nela, aterrado. Em lugar de se ocupar do peixinho o Marquês pisava o sapato do bancário sob a mesa, numa insistência apaixonada. O tamborilar acelerou a contagem das notas sem corresponder à pisadela. Se calhar pensava igualmente

– A gaja que nem sonhe

se calhar juntava-lhe, para dentro

– Só se eu fosse parvo

usava aliança, o Marquês não, e o Marquês acariciou-lhe a aliança na mira que a aliança se dividisse em duas, a segunda lhe entrasse no anular e o Marquês

(que bom)

casado com o bancário. O amigo das palmadas, agora cotovelos, esburacou-me as costelas

– Não é o Marquês de Pombal por uma pena, aquela?

e os compinchas do almoço fixaram-se, à uma, no Estadista que se transferira do sapato do bancário para a meia e procurava introduzir-se entre a meia e a calça, empreendedor, activo, de costas curvas, ronronando. O tamborilar passa de acelerado a aflitíssimo, a meia e a calça recuaram, o bancário libertou a aliança para se esconder no guardanapo. A mulher bonita regressou ao restaurante porque se tinha esquecido da malinha. Aborreceu-me que se fosse embora sem o seu boneco, o seu anel. Vincos amargos dos lados da boca. O baton que precisava de compor. Uma expressão de

– Não vale a pena

de

– Que importa?

uma gaja que não sonhava nada, a pobre. Domingos compridíssimos, chuvosos apesar do sol. Andaria a engordar psiquiatras, psicólogos? O peixinho cozido ia esfriando, intacto, o olho afigurava-se-me adormecido na travessa. Na mandíbula do peixinho uns dentes ralos. O Marquês sacudiu a cabeleira de bronze, apoderou-se do paliteiro, cobriu a boca com a outra mão na atitude de quem toca gaita de beiços e uma espécie de valsinha com asma coloriu o restaurante. Mentira: o Marquês limitou-se a partir o palito e a depositá-lo no cinzeiro. O bancário disse uma frase qualquer

(presumo que uma súplica)

dos fundos do guardanapo e ocultou-se mais nele, o Marquês, desiludido, atormentava o paliteiro, os olhos como os do peixinho cozido antes de adormecidos, aterrados, o Marquês parecido com a mulher bonita, sem boneco, sem carro, o óxido da estátua na cabeleira, nas bochechas, nos folhos, o da palmada na toalha

– Repara na cara do Marquês, António

o nariz que tremia, as sobrancelhas que tremiam, a maçã de adão que tremia, o bancário retirou o casaco das costas da cadeira, começou a sair com o guardanapo na mão, deu fé do guardanapo, deixou-o no cabide da entrada, vimo-lo, através do vidro, cruzar a rua, e vimos o Marquês, sozinho, endireitar-se no assento, compor as feições numa atitude heróica, puxar as rendas dos punhos, alargar o peito e agrupar-se, imenso, na atitude do pedestal, com que observava o rio ao longe, na serenidade grave e austera dos imortais.

A MORTE DE UM SONHO
NÃO É MENOS TRISTE QUE A MORTE

Aqui onde trabalho

(e a minha mãe

– Desde quando escrever é trabalho?)

aqui onde trabalho, quer dizer lá fora, junto ao portão do sítio onde trabalho, os pombos levam a vida a fazer cocó no automóvel. O senhor do armazém ao lado previne que os dejectos dos pombos estra-
gam a pintura

(– O ácido, doutor, o ácido)

de modo que lá venho eu, com água e paninho, esfregar conscien-
ciosamente aquela espécie de giz branco, aprovado por um compincha
de garrafa de cerveja na mão, a beber pelo gargalo na porta da mercearia. Gosto deste sítio de pequenos comércios, desta espécie de
aldeia, engastada no centro de Lisboa, que à noite se enche de travestis
mirabolantes a mostrarem o rabo a pretendentes tímidos, gosto da loja
de candeeiros, da loja de electrodomésticos, da loja dos chineses cheia
de inutilidades delicadas, das várias pensõezitas para estadias a taxíme-
tro, do cabeleireiro da esquina, com fotografias desbotadas, de caracóis

e franjas, onde nunca vi ninguém entrar. Só não gosto dos pombos mas consolo-me imaginando o que seria do automóvel se os elefantes voassem. Ao lado do portão o muro do hospital, velho, escuro, coberto de musgo. Viúvas perfumadas, na pastelaria a cem metros, debatendo-se com bolos de creme. O quiosque de revistas com artigos de novelas e apresentadoras de televisão, suponho que filhas das viúvas dos bolos, e a empregada do quiosque sentada num banquinho de cozinha no meio desses disparates coloridos. Restaurantezecos de televisor ligado ao futebol, o empregado a desenhar oitos na mesa com o esfregão, a cozinheira mulata, de touca, abanando os calores com o jornal e no jornal, a toda a largura, O Solteirão Mais Apetecido Confessa-se. Cortinas de crochet, gatos de gesso, lugares acanhados, sombrios, onde o solteirão mais apetecido não mora de certeza, toldos que os pombos pingam também, na falta do meu automóvel a jeito

(– O ácido, doutor, o ácido)

as prateleiras poeirentas dos penhores e os seus despojos de naufrágio, fios de oiro, budas, litografias piedosas, uma criatura de óculos e sexo indefinido no escuro do balcão, espécie de coruja cinzenta tentando habituar-se ao dia. Pois nestas redondezas passo eu as tardes a espremer o miolo

(– Desde quando é que escrever é trabalho?)

para folhinhas de bloco, uma pessoa crescida, que patetice, a fazer redacções de menino, tinha razão mãe, desde quando é que escrever é trabalho, não é trabalho claro, qual trabalho, devia desenhar casas e árvores na margem do papel, qual trabalho, uma reinação, uma coisa de garotos, escrever qualquer pessoa escreve, mãe, onde está a dificuldade, só a quantidade de cartas que andam para aí, relatórios, telegramas, postais, listas de supermercado, qualquer pessoa escreve, devia ter um ofício de gente, um emprego que se visse, uma ocupação que se desse ao respeito, num escritório, por exemplo, onde os pombos não me sujassem o automóvel, eu de fato, gravata, penteado, normal, com uma secretária a trazer-me cafés, a receber

– Façam favor, façam favor

a administração de outra companhia de seguros, eu competente, decidido, vigoroso, eu tacos de golfe, eu barco, eu relógio com pulseira de oiro, eu de chofer que limpe o cocó dos pombos por mim, eu de amante produtora de moda, eu de magazine de negócios na cama, desde quando é que escrever é trabalho, realmente, blocozinhos que não valem um chavo, esferográficas de deitar fora, jeans, a minha mãe a suspirar, desgostosa

– Artistas

a resignar-se

– Pelo menos não bebe, vá lá

artistas ou seja criaturas inúteis, que fazem eles que preste, só depois de mortos os apreciam, nem relógio usa, barcos só se for de papel, não liga a nada, faz livros, qual trabalho, até admira que não coma a sopa dos pobres, o que a gente sonha para um filho e, vai na volta, prosas, andou a estudar para médico, acabou o curso sabe Deus como e com a mania das redacções não faz uso dele, a morte de um sonho não é menos triste do que a morte, demos-lhe uma enxada para a vida, médico, e não a usa, não quer saber, não se interessa, você, mãe, que compreendeu logo a sua desdita quando ao ir espreitar-me no exame de admissão ao liceu deu comigo instalado ao contrário na carteira, a olhar o tecto, foi sempre tão esquisito este meu filho, com dois, três anos, ficava na varanda horas seguidas, a olhar, dava a impressão que o mundo inteiro não passava de uma varanda para ele, se quiserem encontrá-lo é aquele ali, com uma garrafinha de água e um pano, a esfregar o automóvel do cocó dos pombos e a interromper-se, de vez em quando, para olhar, esquecido da garrafinha, do pano, do automóvel, o tecto do céu, como se continuasse instalado ao contrário na carteira que não há, nas tintas

(imagine-se a vergonha)

para uma carreira de gente.

DALILA

Não vou ficar aqui, vou-me embora. O que é que me prende, desde que o meu marido se separou de mim? A casa? O emprego? O automóvel? O que resta da família são umas tias num segundo andar da Graça com grelado no tecto e as pratas dos avós amolgadas, um bocadinho de telhados e rio emoldurado na janela. Descem as escadas amparando-se uma à outra, velhos dedos com anéis que se procuram, se agarram. Não tenho filhos e ainda na altura em que o meu marido aqui estava cheguei a dobrar os braços, às escondidas, embalando o vazio. O problema devia ser dele porque antes de casarmos fiz um aborto de um namorado anterior: acompanhou-me à parteira, pagou metade da despesa. Pouco depois informou-me que precisava de uns meses para pensar e nunca mais lhe pus a vista em cima. Não era de Lisboa, era de Santarém. Deve estar por lá. Que descanse em paz.

Quanto a mim não vou ficar aqui, vou-me embora. Respondi a um anúncio em que pediam uma economista em Moçambique, respondi, aceitaram-me. Ser aceite seja para o que for aos quarenta e oito anos, é obra. Se calhar as restantes concorrentes eram ainda mais decrépitas que eu. Não vejo outra explicação, o que o espelho me devolve são desabamentos, fissuras, o pobre tijolo à mostra debaixo do reboco. Pode ser mania minha mas dava-me a impressão que o meu marido me espiava de viés, a abanar a cabeça. A Dulce garante que é mania minha. Que estou óptima. Que tomaram muitas com a minha idade. Que tenho o espírito jovem

– O mais importante é ter o espírito jovem

e o dela deve ser jovenzíssimo porque, nascida com uma semana de intervalo de mim, me ficou com o marido. Desabamentos, fissuras, o pobre tijolo à mostra debaixo do reboco: não percebo porque se perde tanto tempo a discutir o tempo, que não é nenhuma entidade metafísica, é apenas uma empresa de demolições. Vou levar um metro e sessenta e três de entulho para Moçambique. Trata-se de uma firma americana, o senhor da entrevista psicológica, de óculos, todo dioptrias aprovadoras

– Muito bem muito bem

ainda ontem telefonou a convidar-me para um café. Leu o número no curriculum. Não entendo o motivo de os homens chamarem café àquilo que é tudo menos um café. Pelo menos descobri que os quartos dos hotéis do centro, para uma tarde das duas às seis, são caros. Havia um aparelho de rádio embutido na cabeceira dele. Ligou-o a piscar a dioptria esquerda, numa malandrice cúmplice

– Música ambiente, aprecia?

ainda estou para saber o que é música ambiente, ou é música ou é ambiente, fiquei a ouvir uns boleros pré-diluvianos enquanto ele me desabotoava com as mãozinhas geladas, dobrava a roupa na cadeira, se estendia ao meu lado perguntando a apontar os cortinados

– Agradável, não é?

e agradável uma gaita dado que os cortinados eram iguais aos da clínica em que me operaram à vesícula. Quase apostava que os mesmos, o médico a levantar o penso

– Ora vamos lá ver essa cicatrizinha

por sinal uma cicatrizona e notava-se-lhe na expressão o convite para tomar um café despontando no horizonte. Começo a entender o que atrai os turistas nas ruínas romanas. O meu marido e a Dulce encontraram-se pela primeira vez, à hora da visita, na clínica, cada qual com o seu ramo de flores. Ele rosas encarnadas, ela rosas amarelas. Foi o gosto em comum das rosas que os aproximou. Devem empestar o condomínio onde moram. Será que da primeira vez o meu marido

– Música ambiente, aprecia?

meu Deus, como o meu espírito jovem odeia o que estou a contar. O das dioptrias não me deixou o número dele.

Portanto não vou ficar aqui, vou-me embora. O que me prende? As tias nem darão pela minha falta abraçadas uma à outra na saleta, à noite, aferrolhadas de medo dos gatunos: é do conhecimento comum que os ladrões são doidos por pratas amolgadas. Em Moçambique há--de haver esplanadas onde tomar café, há-de haver música ambiente e cortinados de convalescença: aos quarenta e oito anos, quarenta e nove em dezembro, de que mais necessita uma mulher? Posso sempre dobrar os braços às escondidas embalando o vazio.

HAVERÁ VIDA ANTES DA MORTE?

Os corvos da Roménia, enormes, sobre os campos sem fim de Bucareste a Constança, erguendo-se em bando dos dois lados da estrada. O mosteiro do século catorze onde os padres entoaram a oração mais bonita que até hoje ouvi, pedindo pelas almas eternas dos escritores falecidos. O relento de enxofre do Mar Negro quase junto aos meus pés, a seguir a um bosquezinho de bétulas. A presença de coisa viva, palpitante, semeada de luzes, da noite: abria-se a janela e um bafo longo, quente, com murmúrios de pessoas lá dentro, parecidas com minúsculos animais comovidos. Um poeta do Azerbeijão levantou-se da mesa, começou a cantar e tanta alegria, tanto sofrimento na voz. Cantava de copo na mão, olhos fechados, acabou de repente, sentou-se, pegou no garfo e na faca, continuou a comer: a canção nunca tinha existido. A casa de Micaela Ghitescu, assombrada de recordações, móveis, quadros, fantasmas, o seu irmão, os seus pais, um retrato, de trinta anos atrás, com uma rapariga linda, de flores no cabelo. Um modo lento de olhar, não um sorriso ainda, o antes do sorriso numa expressão séria, dedos que não tocam ninguém na moldura e deveriam tocar-me. Caminha-se por ali, sem peso, entre móveis escuros. Automóveis velhíssimos, palácios dignos, tristes.

O escritor Dinu Flamand

– Durante muitos anos, aqui, perguntávamo-nos se haveria vida antes da morte.

Talvez não houvesse vida antes da morte mas os escritores falecidos tinham as almas eternas: assim que o turíbulo do padre me incensou a minha desatou a subir. Acenei-lhe

– Adeus, alma.

e chovia cá fora, nos canteiros, nos buxos. Um diácono abençoou-me um fio com uma imagem: quebrou-se nessa tarde, perdi-o. Sem dar por isso repeti

– Adeus, alma

baixinho. Não encontrei o fio. Homens gordos a nadarem na piscina do hotel. Não achava o caminho para o restaurante, dava voltas, perdia-me. O boi do Mar Negro durante toda a insónia a soprar, a soprar. Uma estradinha ao longo da praia, garotas de bicicleta que se afastavam de mim. Os homens gordos chegavam à borda da piscina, peludos, exaustos. A mulher de um deles embrulhou-o na toalha e o gordo a trepar os degraus em bamboleios de foca: se lhe estendesse uma bola equilibrava-a no nariz. Teria uma alma eterna, aquele? Os fósforos que riscava na caixa não acertavam com o cigarro. Nenhum corvo: será que fogem das ondas? Umas gaivotas miúdas, passarocos de cauda espetada. Faixas de nuvens verdes ao longe, eu no terraço a segui-las. Vinham de cima, da Ucrânia, na direcção da água. O homem gordo lançou o cigarro fora, zangado, a mulher cochichou-lhe não sei o quê na orelha, levantaram em uníssono as cabeças: nenhum deles respondeu ao meu aceno, o homem gordo ameaçou-me com o punho fechado. O escritor Dinu Flamand

– Durante muitos anos, até ao fim do comunismo, perguntávamo-nos se haveria vida antes da morte.

Em Neptun, no meio de uma pobreza absoluta, as moradias de verão das pessoas importantes da ditadura. Será muito diferente aqui? Hoje? Agora? Que me lembre nenhum padre, em Portugal, pediu pelas almas eternas dos escritores falecidos. Pelo menos que eu saiba. Tornei a acenar ao homem gordo, fui-me embora. Acenei para mim também, no espelho, achei que necessitava de um aceno. As nuvens verdes da Ucrânia mesmo sobre o terraço, neste instante. Uma criança entrou no mar com uma bóia, carroças de camponeses na vereda à minha esquerda, os guizos das mulas subitamente alegres. Estou muito afastado de casa, eu que cada vez sei menos o que significa uma casa e portanto, se calhar, não estou afastado de nada. Podia ficar aqui a escutar as carroças, recomeçar do princípio, entender-me com os corvos. Os gritos deles, assustados. Ser um homem gordo numa piscina de hotel. Há-de haver vida antes da morte. E bosquezinhos de bétulas, folhas prateadas tremendo. Troncos prateados também. Desço as escadas, passo pela recepção, dirijo-me de mãos nos bolsos para o desconcerto das ondas. Um cavalheiro a impingir bugigangas, um par de adolescentes num banco, as gaivotas miúdas vão-se dispersando adiante de mim. Onde chocarão os ovos que não vejo rochas, penedos, apenas a areia cinzenta, barquinhos, um pontão de madeira. O cavalheiro das bugigangas

– Domnule, domnule

e lá seguimos os dois, durante uns metros, a par. Troca-me por outra vítima, deixa-me. Esplanadas, uma senhora a massajar o tornozelo, uma espécie de templo chinês onde se bebe cerveja. Amanhã volto para a Alemanha, há-de haver corvos em Munique, bétulas. Pelo menos o vento das montanhas nos dias de chuva. Há-de haver vida antes da morte. Monges budistas no aeroporto aguardam quem os transporte para o tecto do mundo. Acomodo-me melhor na cadeira, diante da porta do meu voo, faço descer o sono sobre mim, devagarinho. O escritor Dinu Flamand continua a falar não aqui, em Bucareste, cada vez mais lento, difuso. Haverá vida antes da morte? Deixo de sentir as pernas, os braços. Deixo de ter corpo. É bom dormir.

BOM NATAL, SENHOR ANTUNES

Às vezes, como agora, é assim: ponho-me diante do papel e não sai nada, as palavras recusam-se, as coisas que andam na minha cabeça não se fixam nem descem para a mão, e vai daí continuo sentado, à espera, neste trabalho de paciência, a ver quem é mais teimoso, se a minha cabeça, se eu. Coisas que andam nela: um gato caminhando sobre um muro, de patinhas delicadas, como se cada uma fosse o indicador de uma criança a provar, às escondidas, a tigela de leite-creme; o perfume que as senhoras de idade deixam nos elevadores, tão espesso que se pode cortar com uma faca e no qual se adivinham latas de biscoitos vazias, retratos de majores defuntos, colares de pérolas falsas, vestígios que, somados, e da mesma forma que a partir de um ossinho se consegue imaginar o esqueleto inteiro de um animal extinto, permitem reconstituir dinossauros de desilusão; mulheres mal amadas que apesar de tudo vão sorrindo aos dias, sozinhas na praia de lençóis da cama de casal onde nem o ínfimo buziozito de uma esperança vibra e no entanto continuam a sorrir, de futuro encerrado entre os parêntesis da boca; a velhota que há um mês encontrei num jardim de Lisboa a dividir um bolo de arroz com os pombos. Disse

– Comprei o almocinho no Pingo Doce

isto é um segundo bolo de arroz e uma garrafa de água de plástico, disse

– Os pombos têm mais fome que eu

e ao levantar-se arrastava uma perna, mal lograva andar. De tempos a tempos encostava-se a um tronco e quase me zanguei com Deus. Lá ia ela pelo Príncipe Real fora, sob as árvores, de cachecol cheio de migalhas: para os lados do Bairro Alto deixei de a ver. Não era uma pessoa triste: parecia ter vencido a morte. Intelectuais de olhinho vivo, cheios de livros, a discutirem coisas inteligentes na mesa ao lado da minha. Não gosto de discutir coisas inteligentes. Nem estúpidas. Não gosto de discutir nada mas as opiniões das criaturas com ideias fortes assombram-me e aqueles que pensam por mim divertem-me. Um dos intelectuais reconheceu-me, cochichou com os colegas e fitaram-me à uma, sobre dúzias de chávenas de café. Apagavam cigarros apressados nas borras como se em cada cigarro um argumento definitivo, vital. Horrorizou-me a hipótese de ser lido por camelos assim, decididos, tremendos. Homens de barba lúcida, mulheres de anéis tortuosos nos polegares, cabelos pintados de cor de laranja que doíam nos olhos. O que desejariam ser quando fossem grandes? A velhota que comprara o almocinho no Pingo Doce algures num buraco: nenhum pombo lá chegava. Vontade de perguntar-lhe o que acharia ela do pós--modernismo. A garrafa de água de plástico amolgada. O xaile que metia dó. Não me minta, não se atreva a ocultar-me a verdade, nada de reservas mentais, o que acha Vossa Excelência, sinceramente, do pós-modernismo? Do cinema experimental japonês? Dos valores humanistas implícitos nas ciências exactas? Tê-la-iam esquecido, os pombos, nos seus fraques sujos? De tempos a tempos a velhota encostada a um tronco: não reflectia, ganhava forças. Crianças, tenebrosas de gritos, correndo entre as cadeiras: hão-de passar directamente dos gritos para a análise do pós-modernismo, que é outra forma de berrar. Eu sou apenas um sujeito simples que faz livros, um iletrado, quase. Leonardo da Vinci apresentava-se dessa forma:

– Leonardo, iletrado

e entendo tão bem o que queria dizer. António, iletrado, e metam o cinema experimental japonês no cu.

Portanto estávamos em que eu diante do papel e não sei nada, as palavras recusam-se, as coisas que andam na minha cabeça não se fixam nem descem para a mão. É dia de Natal, hoje. Agora escrevo isto no carro, de papel apoiado no volante, na estação de serviço de Oeiras. Bombas de gasolina, uma rapariga de casaco comprido a zangar-se com o filho, bandeiras que não param de estalar ao vento, um automóvel com um barco

(dá-me ideia que um barco)

no tejadilho, folhas às cambalhotas, um sujeito digno a passear o cão com essas coleiras que esticam e encolhem, e a impressão esquisita de ser o cão a passeá-lo a ele: não tarda nada o senhor digno anima-se, ergue o sapato contra um pneu, fareja, concentrado, o pneu seguinte, ergue o sapato de novo e o cão aproveita para responder ao telemóvel. O que acham, vocês dois, dos valores humanísticos implícitos nas ciências exactas? Alguma noçãozinha, alguma revisão crítica, alguma, como dizem os parvos, achega? A rapariga de casaco comprido afasta o cabelo para trás num movimento súbito do pescoço e com esse movimento, e apesar do casaco, fica nua. Começa a chover devagarinho, o vento cessa, as bandeiras aquietam-se. Daqui a pouco sente-se a noite ao rés da terra murmurando confidências, mistérios, a conversar com a gente. De quê? As bombas de gasolina iluminam-se, a rapariga, que desistiu de afastar o cabelo, vestida de novo. Apetecia-me que a velhota dos pombos comigo. Apetecia-me um chupa-chupa de morango. Apetecia-me nascer. O cão abre a porta de trás de um jipe para o senhor digno entrar, instala-se ao volante, desaparece. Um chupa-chupa de morango ou um chupa-chupa de limão? Um chupa-chupa de limão, pronto, desses transparentes, que se vê o pauzinho. Apetece-me ter o queixo peganhento. Que me limpem a boca

(– Está quieto)

com o lenço, me peçam

– Toma cuidado com os estofos, vê lá.

O sorriso das mulheres sozinhas na praia dos lençóis treme como um pavio de azeite no oratório quando uma corrente de ar traz os choupos da quinta, juntamente com as aflições do moinho da rega a chiar, a chiar. O sorriso, quase a extinguir-se, inclina-se, dobra-se, volta a ficar direito, resiste: os vincos dos lados da boca aumentam-no, dois incisivos arredondam-no, a infância, por um instante, regressa e nenhuma amargura, nenhum medo. Na mesinha de cabeceira livros, um aparelho de rádio, a fotografia dos filhos, a blusa a escorregar da colcha, a amontoar-se no chão, desabitada, o fio de oiro que se dilata e diminui conforme respiram. Os caracolinhos mais claros da nuca, aqueles tendões atrás que é tão bom morder. O vidro do automóvel bexigoso de gotas. Quando o chupa-chupa de limão acabar podemos fazer de conta que o pauzinho é um charuto. Eu faço, e logo a voz de ninguém, ao meu lado

– Nunca mais cresces, tu?

Nunca mais cresço: compro um bolo de arroz, escolho um banco do Príncipe Real e vou oferecendo os bocados aos pombos. São capazes de ter mais fome que eu.

BOM ANO NOVO, SENHOR ANTUNES

Agora, que é de noite, o barulho incessante dos carros na auto-
-estrada. Vão para onde? Uma infinidade de luzes amarelas, faróis distantes, casas reduzidas a sombras com as janelas acesas penduradas do
vazio, pontinhos vermelhos a piscarem no alto de um morro e é engraçado porque não existe morro, existem os pontinhos. Lá estão eles,
eternos, como esta noite eterna em que o barulho dos carros aumenta.
Na Beira são os bichos da terra que oiço, minúsculos, teimosos.
O meu editor francês, Christian Bourgois, adoeceu de cancro. Pediu-
-me que o visitasse e estive uma semana com ele, em Paris. Sofria muito, não podia engolir, quase não podia andar, falava com dificuldade e
nem uma queixa. Magro, de cabeça rapada. Nem uma queixa. Disse à
mulher

– O teu marido tem imensa coragem

respondeu-me

– Não é coragem, é elegância

e compreendi que a coragem é a forma suprema da elegância. Devo ter compreendido bem, julgo, porque quando um amigo, no Porto, disse que eu gostava de gente humilde, referindo-se aos soldados

que andaram comigo na guerra e apareceram para me ver, lhe respondi

– Não são gente humilde, são príncipes

e são príncipes de facto dado que eram valentes. Sem uma queixa, também. Quando fomos para o leste a última camioneta da coluna levava a caixa fechada. Fomos espreitar, levantando o oleado: transportava os nossos caixões. Isto à socapa, sem elegância alguma. Os nossos caixões. Como se destinavam a príncipes eram caixões baratos. Punha-se uma gravata e um blusão aos rapazes e metiam-nos terra abaixo para falarem da Pátria às lagartas. O Christian bebia um pingo de sopa de uma chávena, afastava a chávena

– Não posso

e ficava a tentar ganhar fôlego que tempos. O barulho incessante dos carros na auto-estrada. Uma infinidade de luzes amarelas. E eu a lembrar-me daquele bêbedo que gritava

– Ai vida, não me mereces.

Se ao menos um intervalo de silêncio e no intervalo de silêncio, em qualquer ponto do escuro, um riso. Esta história dos caixões gravou-se-me com tanta força que às vezes, num sinal vermelho, parecia-me que o último automóvel da fila, que procurava descobrir no espelho retrovisor, os trazia. Ainda hoje não estou certo que os não traga de facto.

Engraçado: dá ideia que em lugar de escrever vou falando à deriva: agarro qualquer sombra ao meu alcance, conforme vem, e ponho-a aqui. Agora, por exemplo, veio o poço da casa dos meus pais que mandaram tapar com medo que a gente tombasse lá dentro. Ao princípio, lembro-me, tinha apenas uma grade: espreitava-se e no fundo via o meu reflexo a estremecer e o céu por trás. Acho que foi a primeira vez, ao dar por mim fora de um espelho, que me convenci que existia para além da família, individual, único. Que tinha de me construir a mim mesmo, sem ajudas. E comecei a rejeitar sistematicamente que os outros me moldassem: isto entre tropeços, fraquezas, medos, os cães de toda a ordem que saltam de repente ao caminho. As últimas palavras que o Christian Bourgois me deu ao vir-me embora foram

– Não te preocupes comigo

e ficou a olhar a sopa na chávena. Antes tinham sido

– Não acredito na alma, não acredito noutra vida, não acredito em Deus.

À saída de casa dele o grande espaço dos Invalides, aquelas árvores bem educadas, aquela grandeza sem mistério. E os meus passos sozinho pela rue Vanneau até à casa onde morava André Gide, com a placa na fachada. A impressão de dar por ele através da janela com os seus chapéus inverosímeis. A tascazinha onde almoçava às vezes a assistir às apostas das corridas de cavalos, a senhora gorda e coxa que me trazia o prato. Mulheres que se assemelhavam a pássaros, velhotes friorentos. O hotel antigo com as tábuas a ganirem-me sob os pés. Tantas horas a escrever no quarto do quinto andar onde fico sempre, com a televisão sem som por companhia. O pintor José David a mostrar-me os seus quadros: a língua saía-lhe do meio do bigode e humedecia a mortalha do cigarro de uma ponta a outra, como se tocasse gaita de beiços

– Não te preocupes comigo

e os óculos na chávena. Como a elegância, senhores, pode ser desesperada. Nunca levantem a lona de uma camioneta para não darem de caras com o vosso caixão.

Casas reduzidas a sombras, janelas acesas penduradas no vazio. Ao abandonar o prédio do Bourgois, na rue de Talleyrand, olhei para cima e tudo apagado: teria deixado de existir quando entrei no elevador? Prometi voltar em janeiro ou antes pediu-me que voltasse em janeiro: ainda seremos os mesmos? A placa de Gide quietinha na sua fachada? Com a minha editora italiana, Inge Feltrinelli, dançámos mais de uma ocasião o Singing in the Rain na rua: eu era um Gene Kelly medíocre, ela uma Cyd Charisse estupenda. Além do mais tirou fotografias óptimas a escritores: há uma de Hemingway a dormir como um justo no chão da sua sala. Outra de Gary Cooper, grosso que nem um carro, de copo em punho. (Esse não escrevia, que eu saiba, mas para o caso tanto faz.) E Moravia. E Ginsberg com o amante. Dançávamos e cantávamos. E imitei Groucho Marx. E Louis Armstrong. E Tony Benett. Até um táxi parou a aplaudir. Descendo de Montmartre, da casa de Dalí, onde Valerio Adami vive agora. Volto em janeiro de 2005: bom ano, senhor Antunes. Para onde vão os carros na auto-estrada, digam-me? Eu sei: vão em coluna para o Leste de Angola com um bando de príncipes dentro: Boaventura, Alves, Licínio, Matosinhos: ainda por cá andamos, os caixões não nos apanharam, não pregaram neles a medalha com o número mecanográfico e o grupo sanguíneo que trazíamos ao pescoço. Tantos cabelos brancos, que esquisito: mascararam-nos de senhores mas no fundo nenhum de nós mudou. Não te preocupes comigo, exigiu o Christian, com um faro tão certeiro para descobrir talentos. Descansa, não me preocupo: quando não houver mais carros na auto-estrada levanto-me e vou para a cama. Sem me olhar ao espelho, claro, porque no espelho está o Gene Kelly a dançar. E Groucho Marx rebolando os olhos. E os lábios, rebentados pela trompete, de Louis Armstrong. E Tony Benett a arrancar com a orquestra: a todos vocês, que me fizeram feliz, Deus Nosso Senhor dê saúde e boa sorte. Eu fico aqui a levantar às escondidas, a medo, sem elegância alguma, a lona da última camioneta.

ONDE A MULHER TEVE UM AMOR FELIZ
É A SUA TERRA NATAL

Lembro-me, no norte de Angola, de ver uma jibóia e uma cabra mortas. A metade da frente da cabra estava dentro da jibóia, a metade de trás, a garupa e as patas, de fora, e a jibóia falecera engasgada. Lembro-me de um rapaz de tripas ao léu, atacado por uma pacaça, de outro a quem um crocodilo roubou o tornozelo e eu às voltas com o coto a sangrar. Lembro-me de centenas de mandris num morro. Lembro-me, no leste, de uma manadazita de elefantes trotando sob a avioneta. Lembro-me sobretudo dos cheiros e da permanente exaltação dos sentidos. Da sombra da avioneta perseguindo os elefantes. Da estranha, inexplicável, genuína alegria que acompanha a crueldade e a violência. Acho que, depois disso, me tornei comedido, pacífico. O corpo, que tanto maltrato, lá continua para diante e eu com ele. Estou a escrever um romance, comecei-o no dia 15 de junho, e escrevo às cegas, caminhando numa espécie de nevoeiro: há-de chegar o momento em que encontrarei de súbito uma clareira iluminada e então compreenderei tudo. Voltei anteontem da Serra da Estrela, ou seja de a poucos quilómetros da Serra da Estrela onde fui encher os olhos com a minha infância que segue naquelas árvores, naquelas pedras, no pinhal que já não existe e no entanto para mim permanece. Casas escuras por ali acima. E um bloco de saudade no lugar do estômago. Às vezes percebo mal no que me tornei. Se a minha avó aparecesse contar-me-ia histórias de comboios? A do cão chamado Fido posto na rua no inverno? Onde pára o sapateiro de Benfica que me prevenia

– O mundo é grande, menino

ou o doido, que vendia passarinhos a esbracejar nas esquinas? As mulheres da adolescência, vestidas de roupa interior numa saleta de espelhos? Tornei-me em quê? Os rebanhos atravessavam a estrada, num suspiro. Andavam, trotavam uns metros, andavam de novo. Tenho vivido até hoje num assombro perpétuo. E tudo continua a empurrar-me para a vida.

Falo pouco. Quem me conhece sabe que falo pouco, escuto pouco, levo o tempo a pensar noutra coisa. Não em livros: os livros só existem quando os estou a escrever, saio e entro neles num desligar de fantasma. Pensar noutra coisa. Que palavra, pensar. Pensar é apenas ouvir com atenção. Oiço esta crónica: os seus movimentos. As frases que chegam como ondas. Vêm, ficam um bocadinho no papel, recuam, desaparecem. Há momentos em que é difícil apanhá-las. Quantos amigos tenho? Dois? Três? Não alcanço mais. Os olhos da jibóia redondos, abertos.

Hoje é sexta-feira, fim de agosto. Agrada-me este mês. Na Beira Alta chovia. Os hóspedes do hotel, de chinelos e calções, desocupados. Aceito a estupidez, a maldade, a mentira, custa-me mas aceito, não aceito as crianças que correm entre as mesas. Mães complacentes, pais de sandálias de filme bíblico. Não me concebo mulher, que mais não fosse pelos pés, tão feios, dos homens, aqueles dedos todos a mexerem-se no fundo da cama. As conversas. Os olhinhos. As opiniões. Os dentes que lhes sobejam nos sorrisos. O gosto pelos jornais.

Quando acabar esta crónica volto ao romance. É-me impossível falar dele porque se faz sozinho, andei anos a treinar a mão para escrever sem mim. Eu em bicos de pés e a mão lá em cima, arrebanhando tudo o que apanha, pelo simples tacto, numa prateleira alta. O rapaz atacado pela pacaça nem uma careta, um som. A expressão dele opaca, impassível, nenhuma contracção dos músculos, nada que permitisse adivinhar-lhe a dor. Depois do tratamento

(tratamento!)

os parentes levaram-no de padiola para uma aldeia distante. Jamais dei por tanto silêncio à minha roda como nesse dia. Os morcegos das mangueiras nem um grito. E eu, claro, não ia morrer nunca. O mais difícil é essa breve noite interior a meio da manhã, ganas de partir, de ficar, de furar a palma com as unhas e, logo a seguir, a esperança. Onde a mulher teve um amor feliz é a sua terra natal.

Acho que estou quase no fim, vou despedir-me. Que trabalheira sorrir, apertar mãos. Que trabalheira anoitecer, e que falta de dignidade a velhice e a doença. Óculos. Dificuldades nos ossos. Lentas misérias.

Quase no fim, disse eu. Subir para o quarto, sentar-me à mesa, fechar os olhos antes de começar. A Serra da Estrela inteira à minha frente, luzes de Seia, de Gouveia, de outras terras. Da varanda dos meus avós o alumínio dos grilos raspando, raspando. Continuarão depois de mim, continuarão para sempre, eternos como as pedras.

Vi um cão cego, perplexo numa encruzilhada de caminhos, na Urgeiriça. Principiou a tremer ao sentir-me chegar, trazia um pedaço de corda no pescoço. Ficou no local onde antigamente as minas. Quem se rala com um cão? Quem se rala com uma cabra defunta ou um coto a sangrar? Glicínias, glicínias. Não quero o cheiro das glicínias, não quero as suas flores. Quero uma paz imensa. Agora.

HOSPITAL MIGUEL BOMBARDA

São quase onze horas da noite. A fixidez das lâmpadas lá fora, tão quietas quanto as árvores. Normalmente palpitam, sobem, descem, parecem mover-se. Alguns raros automóveis na auto-estrada ou lá o que é aquilo. E eu sentado a escrever. Não sei o quê. Escrevo. A caneta há-de encontrar o seu caminho.

Hoje almocei no hospital em que trabalhava e onde conheço cada vez menos pessoas. Sempre achei, desde o primeiro dia, era eu um internozito chegado de África, que em lugar de hospital me haviam colocado num chiqueiro de merda. Mas quem se rala? São doentes e são pobres. Lá andam eles a penar, entupidos de medicamentos até à goela, de expressões vazias. Calmos, claro, mas no sentido em que os legumes são calmos. Tive um director para quem a calma era essencial: punha na papeleta

calmo, ordenado

o que, para ele, era sinónimo de estar bem. O director, em contrapartida, que não era calmo nem ordenado, não tomava medicamento nenhum. Andava atrás das enfermeiras como um cachorro aos sobejos, punha a mão adiante da boca para me cochichar

– Tope-me aquela

empurrava-as contra a marquesa, na sala de pensos. Uma ocasião perguntei-lhe

– Calmo e ordenado não será o contrário de estar vivo?

e ele, a engrossar à secretária

– Olhe que eu instauro-lhe um processo disciplinar

e instaurou. Que extraordinário verbo, instaurar. Instauro-lhe um processo disciplinar. Nomearam um inquiridor que me chamou ao gabinete da Administração. O inquiridor era o clínico geral do chiqueiro. Um único clínico geral para centenas de doentes. Chegava ao meio-dia. Saía às onze. Durante os anos de internato instauraram-me

(santo verbo)

três processos disciplinares por insubordinação. Não: dois por insubordinação, um terceiro por me apresentar ao serviço

(outra bela expressão, apresentar-se ao serviço)

vestido com o uniforme dos doentes. Porque os doentes eram obrigados a um uniforme, o que me revoltava. E rapavam-lhes a cabeça. E eram vistos quando o rei faz anos. Mas andavam calmos e ordenados. Quase todos. Lembro-me de um rapaz que se regou de petróleo e se chegou um fósforo. De vários que se suicidaram. Do psicanalista que dava electrochoques em série. Do grupanalista

(grupanalista: passei oito anos nessa léria e ainda estou para saber o que é)

que na Urgência aplicava doses de injectáveis que me aterravam. Segredava com doçura

– E agora apanha um lorenin por cima e fica confuso mas calmo.

e de facto a vítima babava-se, resmungando incoerências. Pelo menos não maçava ninguém. A propósito de uniforme lembrei-me agora que há uma fotografia do poeta Ângelo de Lima com ele e de cabecinha rapada. Compôs uma porção de versos no hospital, alguns excelentes. Desenhava. O meu pai recordava-se de ver os seus desenhos e os seus escritos a ganharem bolor numa espécie de cave. Não interessavam um corno: asneiras de um maluquinho qualquer. No segundo ano do internato ganhei o prémio da Sociedade de Neurologia e Psiquiatria com um trabalho sobre ele: devo ter sido o único concorrente. Na cerimónia da entrega do prémio o director, subitamente amável

– É uma pena você ser tão impulsivo

eu que não era impulsivo nem meia. Em vinte e sete meses de guerra uma pessoa aprende, que mais não seja, a dominar-se. Quem não se dominava morria. Quem se dominava morria menos. Eu só morri um bocado.

Não há uma ponta de exagero no que disse aqui. Fiz um livro inteiro sobre isto, chamado Conhecimento do Inferno, e o resultado foi um dos meus chefes vir de pistola ao hospital para me ferrar um tiro. Não estava calmo nem ordenado e não o internaram. Quando se cruzava comigo começava a correr. Nunca vi a pistola, eu que me lembrava bem desses instrumentos. Fartei-me de os montar e desmontar. De os olear. De lhes carregar nos gatilhos.

Onze horas da noite. Se calhar meia-noite. A fixidez das lâmpadas lá fora, tão quietas quanto as árvores. Normalmente palpitam, sobem, descem, parecem mover-se. Tenho vergonha de ter trabalhado no hospital. De ter sido médico ali. De me ter calado tantas vezes. Precisava de ganhar a vidinha, não é? Todos precisamos de ganhar a vidinha não é? Uma rapariga estrangulou-se com a fita do cabelo, e o assistente para mim

– Isto fica entre nós.

Lâmpadas tão quietas quanto as árvores. Eu sentado a escrever. Não sei o quê. Escrevo. A caneta há-de encontrar o seu caminho. Encontrou: no bico do aparo vejo um rapaz a regar-se de petróleo, a chegar-se um fósforo. Mas isso, é evidente, fica aqui entre nós.

O PASSADO É UM PAÍS ESTRANGEIRO

Caras que saltam do passado e vêm, gastas pelo tempo:

– Lembras-te de mim?

Chegam da escola, do liceu, da faculdade, da tropa, de mais atrás ainda, dos lugares da infância: moravam perto dos meus pais, viam-me na rua, na paragem do autocarro, a sair da pastelaria, sei lá. Caras que os anos foram usando, lavrando e no entanto qualquer coisa, nos olhos, dos olhos de antigamente, um vestígio, no sorriso, do sorriso de outrora, o que sobra, de um gesto remoto, nos seus gestos de hoje. Até as vozes mudaram, eu espantado, a assistir e dentro de mim

– Não pode ser, não pode ser

– Lembras-te de mim?

Em regra lembro-me mal porque qualquer coisa em todo o meu corpo se recusa a aceitar a injustiça da vida, o exercício saudoso de épocas que deixaram de ser, a recapitulação melancólica da memória:

– Lembras-te de mim?

e não pessoas, fragmentos de pessoas que me falam de uma altura que já foi como se continuasse a ser, que me cercam de defuntos e ruí-nas, ruínas de emoções, de entusiasmos, de alegrias, se aparentavam a

Pompeias que a lava do esquecimento afundou. E de súbito estão ali e com elas episódios desfocados que regressam, tanta esperança enterrada, tanto defunto que me observa de longe numa doçura enternecida:

– Lembras-te de mim?

O meu começo de livro favorito é de um romance de L. P. Hartley, escritor que suponho ninguém lê mais. Leio eu. A primeira frase diz assim: «O passado é um país estrangeiro. Fazem coisas diferentes, lá.» E desse país estrangeiro que continua a existir paralelamente ao presente emerge de vez em quando um abraço, uma frase, uma palmada enternecida que me poisa no ombro numa levezazinha esperançosa

– Lembras-te de mim?

e os olhos da alma com dificuldade em focá-las, uma recusa interior em aceitar os desmandos da sorte, a certeza mais ou menos trémula de ser ainda um homem para mais tarde. Quantos anos tenho? Dá-me ideia que poucos, acabei de nascer. Nunca perguntei a ninguém

– Lembras-te de mim?

porque sou outro sempre. Lembrarem-se de quê? O da escola ou do liceu ou da faculdade ou da tropa é um parente vago, um antepassado difuso entre criaturas difusas, um fulano que provavelmente nunca existiu, inventado por fotografias e recordações imaginadas. Que pais, que avós, que irmãos, que amigos, que colegas de estudo eu que me recusava a estudar? Nunca coleccionei nada a não ser coisas impossíveis, passei os dias a procurar maçanetas em paredes sem porta. Lá encontrava uma à força de insistir, entrava por um quarto às escuras dentro, saía com um punhado de páginas já escritas, descobertas pelo tacto numa prateleira invisível. Dava-lhes um título, os editores publicavam-nas. Não tenho a noção de que me pertencem, de as ter feito eu mesmo. Apenas andei por ali a reuni-las numa espécie de sonho. Se fosse inteiramente honesto nem lhes punha o meu nome: limitei-me a juntá-las numa teimosia sonâmbula: durante toda a minha existência não fiz mais nada para além de ser um cego percorrendo sombras. Escrever é ouvir com força. Continuar a ouvir o já ouvido. Continuar a

ouvir o já já ouvido. E o já já já ouvido. E assim por diante. Esvaziar-
-me do que não seja isto para poder encher-me. Não se me afigura
uma tarefa por aí além, esta escuta perpétua. Quando não estamos
vazios não acontece nada. O segredo é partir para isto sem ideias, sem
planos. Deixar vir. Não acrescentar nem tirar. Receber com humildade
a inocência. Farejar como os bichos, ir cavando, cavando. E em baixo,
depois de muita terra, muitas carapaças de insectos, muitas folhas,
muitas raízes, muitas pedras, o livro. Que não se escreve, limpa-se.
Uma ocupação de mineiro sem lanterna na testa até acharmos as pessoas e nós no meio delas. Uma profissão de silêncio até que as vozes
nos toquem. De que trata o seu livro? Não sei de que tratam os meus
livros, não sei para que servem. Não é isso que me interessa. Não falo
sobre eles porque não me é possível falar sobre eles. São máquinas que
me escapam. Aparelhos de que não possuo o folheto de instruções.
São o meu desânimo e a minha alegria. De que trata o seu livro? Pois
bem, para começar nem é meu. Andava por ali, apanhei-o. Quer dizer
fui-o apanhando à medida que escrevia. É um erro lê-los, parece-me.
Devem-se farejar como os bichos e ir cavando, cavando.

DEVIAM CHOVER LÁGRIMAS
QUANDO O CORAÇÃO PESA MUITO

Portanto almoço numa constelação de restaurantezinhos à volta do sítio onde escrevo, alguns com esplanadas minúsculas, de duas e três mesas, no passeio, cadeiras metálicas, um guarda-sol a defender-nos dos pombos. Gosto de comer sozinho a torcer a cabeça para o televisor no alto, junto ao tecto, ou a ler o jornal de crimes que apanho em cima da arca congeladora. O bairro é feio e modesto, uns metros quadrados de província no meio da cidade, existe por exemplo um homem que trabalha por turnos e nos dias de folga atravessa a rua para beber um cálice, de roupão e chinelos. Alguns dos automóveis, estacionados há séculos, cobrem-se de óxido e de folhas, com os pneus vazios e um dos faróis quebrado. A dez suspiros do lugar onde trabalho um deles vai-se achatando nas jantes, a desfazer-se: logo abaixo, no sentido do Conde de Redondo, principia o fadário das raparigas da vida e dos travestis opulentos, com nádegas ao léu e cabeleiras de plástico, sem falar na complicada hierarquia de chulos que demarca territórios e policia as esquinas. Pensõezinhas de meia hora. Um carrossel de clientes que baixam dois dedos do vidro da janela a negociar preços: tudo patético, reles, violento, nos intervalos dos candeeiros onde se juntam sombras e contentores do lixo. A montra da florista, fechada, parece encher-se de coroas funerárias. No restaurantezinho todos nós torce-mos a cabeça à uma, a remoer, para as imagens do tecto. Uma viúva com uma orquídea de pano no casaco vai pingando a sopa da colher, pasmada. Usa unhas cor de laranja, fosforescentes. E eu vou pingando a sopa da colher, pasmado com as unhas: meu Deus como as pessoas não cessam de espantar-me. Os dedos da viúva, gordos, tocam a or-quídea num cuidado de antenas, certificam-se da sua presença, descan-sam. Mora aqui perto, num rés-do-chão, de vez em quando benze-se. Pela janela aberta uma miniatura da Vénus de Milo na cómoda. O pe-quenino destas vidas comove-me: o cuidado que ainda põe no seu aspecto

(pó-de-arroz, baton)

e o cartão da consulta do hospital, saído da malinha ao puxar o porta-moedas

(estará doente de quê?)

dão-me vontade de a acompanhar ao doutor e tomar conta dela. Será a minha vida maior, a minha igualmente pequenina vida mais importante, maior? A viúva sai devagar do restaurante e o perfume acompanha-a não na sua roupa, atrás de si, fiel como um cãozinho in-visível. A porção de perfume que não a acompanhou demora-se a flu-tuar entre nós, açucarada e densa. Com a partida da viúva o restauran-te tornou-se vulgar, anónimo. Sinto a falta da orquídea. Sinto a falta de imensas orquídeas ao longo da minha vida, de imensos perfumes. As amigas das minhas avós, por exemplo, rodeadas de nuvens cheiro-sas, pegando na xícara de chá numa pompa eucarística. As marcas encarnadas das bocas delas nos guardanapos, no filtro dos cigarros, nos lencinhos. Sinto a falta de lencinhos com monograma, embora uma rapariga mulata, a tomar café ao balcão, me desarrume o passado: a harmonia secreta entre os seus gestos e as suas ancas enxota as amigas das minhas avós para a cave das recordações sem interesse, onde o pro-

fessor de desenho geométrico insiste, numa fúria de que não entendo
o motivo

– Vou reprovar-te, bandido

enquanto eu mastigo pastilhas elásticas desafiadoras. O professor
dança nas perninhas curtíssimas

– Cospe isso, malandro

e continuo a mastigar, de olho nele, pronto a apunhalá-lo com o
tira-linhas. Que estupidez o liceu: fizeram o possível por me transformar num secretário de Estado em botão ou num gestor de empresas,
reunindo em mim um montinho de lugares-comuns majestosos. Fa-
lharam e portanto almoço, aliviado, numa constelação de restaurantezinhos com esplanadas minúsculas: a viúva da orquídea rema a custo
para casa: deviam chover lágrimas quando o coração pesa muito. A rapariga mulata acabou o café, foi-se embora. Quer dizer: continuou
dentro de mim depois de se ir embora, abanando o pescoço a sacudir
o cabelo. Um anel de fantasia com uma pedra imensa tornava-lhe os
ademanes episcopais. Porque raio a Igreja católica não ordena as mulheres? Abençoai-me, senhora, visto que pequei. Mal ela sonha que daqui a uns anos se tornará igualzinha à viúva da orquídea no seu passo
difícil: nem o cartão da consulta lhe há-de faltar, a pressa das enfermeiras, as longas esperas, estes comprimidos a seguir ao jantar, estas gotas
antes e agora veja lá, não se ponha a trocar tudo, não se engane. A pobre atarantada na farmácia com medo que o dinheiro não chegue. Pede fiado:

– No fim do mês venho cá

e o empregado do balcão sem acreditar na promessa. Usam bata a
fim de parecerem mais limpos

(não parecem mais limpos)

impacientam-se. Quanto darão, nos penhores, por um anel de
fantasia com uma pedra imensa, por uma harmonia perdida entre os
gestos e as ancas? O professor de desenho geométrico

– Vou reprovar-te, bandido

morreu de golpe

(tac)

da diabetes e deve ocupar-se a reprovar os santinhos no céu, cheio de ameaças ridículas. Os meus pais, aflitos, arranjaram-me um explicador de desenho: o que devem ter sofrido com as minhas indiferenças académicas. O explicador não me explicou nada: a única coisa que eu ouvia era o piano no andar de cima. Perspectivas tenebrosas:

– Ser escritor é muito bonito para morrer à fome.

Lamentos:

– Porque não és tu como os outros?

Avisos:

– Olha que não sais do quarto durante as férias do Natal.

Queriam o que julgavam a minha felicidade, acho eu. Bem quiseram e não serviu de nada. A viúva da orquídea alcançou finalmente a porta e olhou para trás, com toda a tristeza do mundo na cara envelhecida: palavra de honra que deviam chover lágrimas quando o coração pesa muito.

AJUSTE DE CONTAS

O meu pai morreu no dia 10 de junho, há dois meses e meio. Pouco antes o Miguel perguntou-lhe

– O que é que gostava de nos ter transmitido?

e ele respondeu sem hesitações

– O amor das coisas belas

pensou um bocadinho e acrescentou

– Ou pelo menos das que eu considero belas.

Sou eu quem ocupa agora o seu lugar à mesa na cadeira de braços, na extremidade oposta ao sítio em que costumava sentar-me. O mundo parece diferente visto da cabeceira. Ainda não me habituei por completo.

Julgo que me encontro em paz com ele. Desde os dez ou onze anos a minha vida tem um sentido de que nunca se afastou, e me acompanhará, com a mesma feroz determinação, até ao fim: escrever. Toda a minha arquitectura mental a construí com esse objectivo e o resto encaro-o como secundário. Nunca quis agradar a ninguém, nunca procurei reconhecimento nem aplauso e portanto nunca pedi muito ao meu pai e a sua opinião era-me igual ao litro. Um mérito ele e a minha mãe tiveram, e estou-lhes grato por isso: não me encheram de amor e atenção, o que teria matado em mim o artista: no que diz respeito às emoções mais secretas estive sempre sozinho. Em contrapartida a criatura de quem herdei o lugar à mesa inculcou-me o ódio impiedoso a três coisas: a desonestidade, a cobardia e a falta de rigor. Tão-pouco lhe escutei, uma vez sequer, um exagero, uma mentira. Recebi dele o desprezo ou indiferença pelas coisas materiais, a frugalidade e sobretudo o tal amor das coisas belas: nada mau como legado. Não existiram entre nós efusões, confidências, pieguices: não era meu amigo, era apenas meu pai. Não era amigo dele, era seu filho. Durante estes dois meses e meio tenho pensado no que sinto em relação a um homem com o qual não possuo a menor semelhança física e cujo feroz egoísmo, cuja impulsiva violência me surpreendiam

(serei assim tão diferente?)

e é-me difícil explicar. Em que medida foi importante para mim? Amava-o? Faz-me falta?

Como responder a estas três questões? É muito clara, na minha cabeça, a noção que me fiz a mim mesmo, sem ajudas, e que, com qualquer outra família, a minha existência teria sido idêntica. Quanto ao amor não sei: afigura-se-me que não é uma palavra que possa aplicar à minha relação com o meu pai e no entanto um estranho elo me prende à sua lembrança: não o consigo definir, o que não me inquieta demasiado. Quanto a fazer-me falta julgo que me faz falta no sentido em que cresci junto dele, junto dele e longe dele ao mesmo tempo. Era eu muito pequeno e dizia-me poemas, dava-me livros para ler, falava com entusiasmo dos seus pintores, dos seus compositores, dos seus escritores, que só parcialmente são os meus. O meu pai não foi uma pessoa criativa, não detinha o mínimo sentido de humor embora o notasse capaz de apreciar o dos outros, mas viveu apaixonado pelo seu trabalho, pelas tais coisas que considerava belas, espero que por mulheres também. Suponho que foi feliz, seja o que for que isso signifique. Irascível, cruel, ciumento, perdoando-se unicamente a si, era igualmente capaz de guinadas de generosidade e de autêntico afecto. Contraditório, infantil, comodista. Estava aqui a fazer esta crónica e vieram-me à ideia os seus letreiros: o tubo de cola com um papel que dizia

Esta Cola É Do Pai Não Mexer

em maiúsculas e sublinhado, a tampa de uma lata de tinta com que andava a pintar não me lembro o quê na Praia das Maçãs, e

Isto Não É Cinzeiro

e creio que a melhor homenagem que lhe fizeram foi a do meu irmão Nuno: estava o corpo na igreja, na antecâmara, numa mesinha de toalha preta a salva para os cartões-de-visita, o Nuno, em maiúsculas e sublinhado, encostou à salva

Isto Não É Cinzeiro

e tenho a certeza absoluta que o meu pai teria adorado. No dia da sua morte fomos os seis filhos, juntos, ao Hospital da CUF: parecíamos um comando da Al Qaeda. Não, faltava o João que tinha ido a Bragança receber um penduricalho presidencial: fomos os outros cinco mas parecíamos um comando da Al Qaeda na mesma, em versão de pele branca e olho azul. Isso ele teria adorado também, espero eu. Levávamos-lhe a roupa, aquela vestimenta comprida de professor. Claro que chorei: por ele, por mim, pela incompreensível finitude da vida: não fomos feitos para a morte. Depois da missa disse-lhe um soneto do seu amado Antero. E lá ficou, consoante o seu desejo, em campa rasa, num caixão de pobre. Tive vontade, ao dar com ele no caixão, de lhe pôr em cima um letreiro

Isto Não É O Meu Pai

porque o meu pai não era aquele. O meu pai é um homem de trinta anos a jogar ténis na Urgeiriça e a fazer fosquinhas às inglesas. O meu pai é um homem de trinta e tal ou quarenta anos a entrar-me no quarto, onde eu fumava às escondidas, de papéis na mão, a ler-me um parágrafo qualquer da tese de doutoramento em que penou durante séculos para me perguntar

– O que é que achas?

Eu nem o ouvia, ocupado a esconder o cigarro, e respondia-lhe que achava bem para o ver pelas costas. Há uma semana reli a sua tese, pai, com a atenção que pedia a um adolescente desesperado para disfarçar uma beata. Posso responder-lhe hoje que acho bem. Palavra de honra que acho bem. Volte para o escritório sossegado que escreveu uma tese do caneco. E, já agora, tenho saudades do cheiro do cachimbo. Tenho saudades de irmos de automóvel para Nelas. Tenho saudades de patinarmos no Benfica. O Nuno, aos três anos, com uma peritonite

– Eu vou morrer e quero o meu paizinho.

Isto nunca esqueci. Ia morrer

(foi um milagre não ter morrido)

e queria o paizinho dele. Sempre que lembro esta frase comovo-me tanto:

– Eu vou morrer e quero o meu paizinho

esta frase e a cara de sofrimento do meu irmão. Foi graças a si que ele não morreu. Foi graças a si que não morri da meningite. Não pense que me esqueço. Não esqueço. Paizinho.